嗨！有趣的故事

李四光

徐魯

Hi! Story

中華教育

【出版說明】

在文字出現以前，知識的傳遞方式主要就是語言，靠口耳相傳的方式記錄歷史與情感表達。人類的生活經歷、生命情感也依靠著「說故事」來「記錄」。是即人們口中常說的「傳說時代」。然而文字的出現讓「故事」不僅能夠分享，還能記錄，還能更好、更廣泛地保留、積累和傳承。

《史記》「紀傳體」這個體裁的出現，讓「信史」有了依託，讓「故事」有了新的準則：文詞精鍊，詞彙豐富，語言精切淺白；豐富的思想內容，不虛美、不隱惡。選擇人物一生中最有典型意義的事件，來突出人物的性格特徵，以對事件的細節描寫烘托人物的情感表現，用符合人物身分的語言，表現人物的神情態度、愛好取捨。生動、雋永而又情味盎然。

「故事」中的人物和事件，從來就是人類的「熱門話題」。她是茶餘飯後的趣味談資，是小說家的鮮活素材，是政治學、人類學、社會學等取之無盡、用之不竭的研究依據和事實佐證。

中國歷史上下五千年，人物眾多，事件繁複，神話傳說與歷史事實並存，正史與野史交錯互映，頭緒繁多，內容龐雜，可謂浩如煙海、精彩紛呈，展現了中華文化的源遠流長與博大精深。讓「故事」的題材取之不盡，用之不竭。而其深厚的文化底蘊如何呈現，怎樣傳承，使之重光，無疑成為《嗨！有趣的故事》出版的緣起與意趣。

《嗨！有趣的故事》秉持典籍史料所承載的歷史精神，力圖反映歷史的精彩與真實。深入淺出的文字使「故事」更為生動，更為循循善誘、發人深思。

《嗨！有趣的故事》以蘊含了或高亢激昂或哀婉悲痛的歷史現場，以對古往今來無數先賢英烈的思想、事蹟和他們事業成就的鮮活呈現，於協助讀者不斷豐富歷史視域和深度思考的同時，不斷獲得人生啟迪和現實思考，並從中汲取力量，豐富精神世界，在實現自我人生價值和彰顯時代精神的大道上，毅勇精進，不斷提升。

【導讀】

在中國廣袤的大地上，曾經常常可以看見這樣的情景：一位老人帶著幾位叔叔，在認真地敲打和觀察著不同形狀的石頭。

他們是石匠嗎？看上去不太像。老人時不時地舉起放大鏡，端詳著敲打下來的石頭，像在欣賞珍寶一樣。不一會兒，他又握著一把名為「地質錘」的錘子，朝著更高的地方走去了……

這位老人，就是中國著名地質學家李四光爺爺。

李四光，原名李仲揆，湖北省黃岡縣人。他是中國現代著名地質學家、教育家和社會活動家，也是地質學的一門重要學科——地質力學的創立者，他還是中國地球科學和地質事業的奠基人之一，曾先後擔任中國科學院副院長、中華人民共和國地質部部長、中國人民政治協商會議全國委員會副主席等職務。

李四光非常熱愛國家，一生努力向學，希望自己能夠「蔚為國用」。

他第一次出國到日本留學，就是因為看到了當時中國的貧窮和羸弱，認為中國需要「堅船利砲」來抵抗外國列強的侵略和欺凌。他當時的夢想是當一名「造船工程師」，為國家製造堅固的大船。

可是，這個夢想很快就破碎了。他重新認識到，就算有了自己的大船，但是如果沒有發現和開採煤炭、石油及其他能源的能力，國家同樣也會處在落後和挨打的地位。所以，他再次出國留學時，就選擇了研究地質學。

李四光大半輩子都在中國的大地上奔波和尋找，親手取得了中國地質情況的眾多第一手資料，掌握了中國地質變化的祕密，在地質科學上做出了一項又一項偉大的貢獻。

李四光發現了中國第四紀冰河的遺跡，推翻了西方學者們曾做出的「中國沒有第四紀冰河」的結論。他還根據幾十年的實踐和研究，創建了地質力學理論，並和其他的中國科學家在這個理論的指導下，為中國找到了大慶油田、勝利油田、大港油田等許多大油田；除此之外，他也為國家開採地下水、開發地熱能、地震預報等許多重要工作，付出了一生的智慧和心血。

儘管李四光的一生過得如此精彩、如此波瀾壯闊，又做出了那麼多偉大的貢獻，可他生前卻總是謙虛地說，他只是一個「喜歡敲打石頭的人」。

確實，他一生從未離開過石頭。人們說，他幾十年來敲打下的石頭都能堆成山了！

這樣一位偉大而又樸實的科學家，他一生的故事，我們該從哪裏講起呢？

對了，就從他出生的那個小山村，從村口的那塊大石頭講起吧……

目錄

村口的大石頭

太陽慢慢落下了山，緋紅的晚霞把下張家灣這個小山村村口的大樹、山牆、屋頂、打穀場……都映照得紅彤彤的。一群放了晚學的小學童，正聚集在村口的打穀場上，一起玩「摸楞子」的遊戲。

「摸楞子」，其實就是捉迷藏。小夥伴們先是圍在一起，用「剪刀石頭布」的方式決出一個扮演「盲人」的人，其他人則扮演「盲人」的「楞子（即楞杖）」。用圍巾或小褂什麼的，把「盲人」的眼睛蒙住，讓他在原地轉上幾圈，把他轉暈。然後，扮演「楞子」的小夥伴們就全都悄悄地四散跑開，躲藏起來。

「仲揆，叔和，你們藏好了沒有？」一個小名叫四茖的孩子已被蒙住了雙眼，他正伸出雙手，準備循著聲音四處去「摸楞子」。幾個藏好的小夥伴故意大聲「挑釁」他：「來呀，快來呀，我們在這兒呢！」

四苕口裏呼喚的「仲揆」和「叔和」是一對兄弟。

仲揆於一八八九年十月二十六日，出生在湖北省黃岡縣回龍山街（鎮）下張家灣村。他的爸爸名叫李卓侯，是下張家灣村的一位私塾先生。

仲揆是家裏的老二，叔和是他三弟，在他們前面還有一個大哥叫伯涵，後面還有一個弟弟叫季壽，兩個妹妹叫希白和希賢。

因為家裏的人口實在太多，僅靠著爸爸這個村塾先生的微薄收入，根本養不活這麼多孩子，所以，仲揆最小的妹妹希賢，出生後剛滿四個月，就被爸爸媽媽忍痛送給了一位姓趙的遠房親戚，做了人家的女兒。在當時的貧困農村，這種事屢見不鮮。好在希賢是被送到了親戚家裏，也算有了個可靠的、不會受飢挨凍的去處。

仲揆和弟弟叔和年紀相近，一放晚學，他們就喜歡和村裏的小夥伴們一塊兒到村口的打穀場玩耍。平坦的打穀場可以供他們自由自在地奔跑，一個個高高的、散發著稻草香的穀堆，也可以供他們任意爬滾、躲藏。

更讓孩子們開心的是，在穀場邊，還有一塊圓滾滾的巨大石頭，他們最喜歡抱成一團，在那兒藏來躲去。

不知道從哪個年代起，這塊奇怪的大石頭就孤零零地，也穩穩地矗立在打穀場邊的空地上了。孩子們玩「摸枴子」等遊戲的時候，總是喜歡圍著大石頭躲閃。大石頭就像一個彎下身軀的巨人，能把孩子們藏得嚴嚴實實的，只要大家都能忍住不出聲，也不弄出任何聲響，無論誰當「盲人」，都只能圍著大石頭轉來轉去，怎麼也「摸」不到「枴子」。

村裏的大人們在田裏工作累了，或者趕集回來，挑著擔子走到了這裏，也都喜歡靠著大石頭歇息一下。遇到風雨天，還可以讓大石頭給擋擋風，靠著大石頭避避雨。

仲揆很小的時候，就對這塊大石頭滿懷著好奇。

他幾次問爸爸：「爸爸，這麼大的石頭是從哪兒來的呢？為什麼四周沒有別的石頭呢？」

爸爸想了想，說：「也許是從遠處的山上滾下來，滾到這裏的吧。」

「可是，那邊的大山離這裏有幾十里遠呢！為什麼偏偏滾到了這裏呢？」

「是呀，為什麼偏偏會滾到這裏呢？」爸爸一邊批閱著小學童們在「描紅本」上寫的大楷，一邊笑著說，「仲揆啊，爸爸只是個小山村的私塾先生，沒有多少學問，實在是回答不了你的提問啊。這塊大石頭落在這裏恐怕有好幾百年了吧？反正我像你們這麼大的時候，它就在那裏了。要不，你去問問你媽？你媽懂得比我多。」

這位私塾先生天生一副好脾性，自己不懂就是不懂，從來不會在孩子們面前「不懂裝懂」。

當然，他也有一點小小的「狡黠」，一遇到孩子們打破砂鍋問到底的事，就往孩子的媽媽那邊一推，自己趕緊「脫身」。

仲揆的媽媽姓龔，是一位心地善良、勤勞能幹的農家女兒。她雖然沒讀過書，但有個當私塾先生的丈夫，耳濡目染的，多少也認得幾個字。更可貴的是，在這位農村女性的心裏，裝著許多來自生活和勞動的智慧。平時，她也經常給孩子們講一些民間故事。

「媽，那您說，那塊大石頭是誰放在哪裏的呢？」

「又是你爸沒法子回答了吧？」媽媽一邊給孩子們縫補著小褂，一邊告訴仲揆，「仲揆呀，媽曾聽老一輩人說，天上常常會飛過一些『賊星』，那就是有石頭從天上掉下來了。也許，這塊大石頭就是從天上掉下來的吧？」

「媽，您說得……好像有點道理。可是，也不對呀！這麼大的大石頭從天上掉下來，該有多大的力量呀！那它一定會在地上砸出一個很深很深的大坑才對嘛。可它四周為啥是平的？為啥沒有鑽進土裏去呢？」仲揆忽閃著黑亮的眼睛，繼續追問道。

「這……這……媽媽也說不上來。」媽媽為難道：「仲揆呀，也許等你再長大一些，能到省城念書了，就會弄明白這塊大石頭是怎麼到了下張家灣村口的了。」

媽媽說著，咬斷了手上的線頭：「來，試試小褂合身不合身。明天就是白露了，白露到了，天氣就慢慢變涼了，夜裏的水氣也會變成小露珠了。」

「媽，我知道了，正是有了亮晶晶的小露珠，才有了『白露』這個節氣的名字，對嗎？」

「對呀，白露一過，就該穿上長袖衣服和厚襪子了，晚上睡覺也不能再貪涼，得蓋上被子，不然就會著涼生病的喲！」媽媽一邊說，一邊給仲揆穿上縫補好的小褂。

「媽，等我長大了，一定要去弄明白那塊大石頭是怎麼到了這裏的！」

「還在惦記著大石頭呢。太好了，仲揆，媽也等著你弄明白的那一天喲。」

是的，從小時候起，村口那塊奇怪的大石頭就成了仲揆的一塊「心病」——不，成了他的一個「石頭夢」。

他一生所從事的事業，都沒有離開過「石頭」，他甚至稱自己是一個「敲打石頭的人」。

許多年後，仲揆長大了，他改名叫李四光，到英國去學習了地質學。地質學告訴了人們一個自然現象：很久很久以前，地球上有許多巨大的冰河，這些冰河可以推動巨大的石頭，緩慢地「旅行」幾百公里甚至上千公里。

「也就是說，我家村口那塊巨大的石頭，有可能是很多年以前被巨大的冰河推過來的？」李四光的腦海裏又閃過了小時候記憶中的那塊巨石。

後來，已經成為著名地質學家的李四光，有一次回到家鄉，還特意來到了那塊大石頭前。他握著放大鏡，仔細考察了這塊神奇的大石頭。

最終他弄明白了，原來，這塊大石頭的「老家」在遙遠的秦嶺一帶，它的確是隨著冰河的移動，慢慢地「旅行」到這裏來的。

這塊奇怪的大石頭成了他的一個大膽的科學推斷——在長江流域存在大量第四紀冰河活動遺跡的例證之一。他的這個科學推斷是地質學研究的一個重要成果，引起了全世界的驚歎。

小時候，他向媽媽許下的「一定要去弄明白那塊大石頭是怎麼到了這裏」的諾言，終於實現了！

只不過，這時候很少有人知道「李仲揆」這個名字了，更多的人，甚至全世界，都知道他的名字叫「李四光」。

那麼，「李仲揆」後來為什麼又變成了「李四光」呢？

讓我們從他出生的那個時代，還有他的家鄉黃岡慢慢說起吧。

書塾裏的小學童

李仲揆出生的時候，他的爺爺奶奶都很老了。

爸爸告訴過仲揆兄弟幾個，從他們爺爺這一輩往前數，本來不是漢族人，而是蒙古族人。所以，爺爺有個蒙古族的名字，叫庫里。沒有誰知道，爺爺是什麼時候離開北方的草原，告別自己的故鄉，像鴻雁一樣朝著溫暖的南方遷徙，最後定居在了南方長江邊的湖北黃岡縣的。

仲揆的奶奶是湖北本地的漢族人，爺爺因為能識漢文，來到湖北後和奶奶成了親，就在村裏開設了一個小小的私塾，教本村和鄰村的兒童識字念書。

鄉村的私塾，也叫「村塾」、「書塾」或「書館」，這是從以前農村裏常見的一種私人開辦的，主要給貧困人家的小孩子「啟蒙」，也就是識字和瞭解一些小常識的小學堂。前來入學的大都是貧寒之家的孩子，因為學費低廉，教書先生往往也都是略通詩書的「窮秀才」，一般的大戶人家既瞧不上，也不會把孩子送到這樣簡陋的小私塾裏「啟蒙」的。所以，當時黃岡一帶也把開設在村裏的小私塾、小書館稱為「餐館」。

明明是讀書的書館，為什麼稱為「餐館」呢？這其中顯然含有幾分譏笑的意思，因為在這樣的小私塾、小書館裏，窮苦人家的學童不僅可以住宿，還可以幫助先生家生火做飯，順帶在書塾裏填飽肚子。

仲揆的爸爸出生後，就跟著庫里爺爺在書塾裏識字讀書。爺爺給他取名卓侯，字康爵，還把姓氏也改成了「李」。從「卓侯」、「康爵」這些字眼就不難看出，爺爺是多麼希望自己的兒子能成為才學卓越的人，如果還能幸運地成為「侯爺」、「爵爺」什麼的，那就更是求之不得了。

仲揆的爸爸念書十分刻苦用功，長大後參加科舉考試，果然考中了秀才。爺爺去世後，仲揆的爸爸「子承父業」，在村裏又找了一座寬敞點的破廟，收了十幾個小學童，繼續開辦私塾。這位為人忠厚、常年過著拮据日子的鄉村秀才，把私塾老師當成了自己終生的職業。

那麼，仲揆的爺爺和爸爸這兩輩人，為什麼都對開辦村塾這麼熱心呢？這就得說到黃岡這個地方千百年來「耕讀傳家」的傳統了。

去過北京中華世紀壇的人也許會注意到，那裏矗立著四十位中華文化名人的塑像。這四十位中華文化名人，從古代的老子、孔子，到近現代的魯迅、蔡元培等，體現了中華民族從古至今在文化、教育、科技等領域所取得的卓越成就，也象徵著中華民族五千年源遠流長的文化傳統。

在這四十位文化名人中，有四位出自湖北，他們是屈原、畢昇、李時珍、李四光。如果再仔細看一看這四位名人的出生地，你會發現，後三位都出自黃岡地區。古代的且不說了，僅是近代以來的黃岡文化名人裏，除了李四光，人們耳熟能詳的，還有聞一多、廢名、葉君健、秦兆陽等文學家；有熊十力、黃侃等眾多學者。

所以，後來有不少學者總結說，以黃岡為中心的鄂東（「鄂」是湖北的簡稱，鄂東即湖北東部）一帶，是一塊「文化高地」和「文化沃土」。一個重要的原因就是在這片土地上，無論是城鎮還是山村，一直保存著一種「耕讀傳家」的風氣。哪怕是再艱難、再貧困的種田人家，也都願意省吃儉用，儘量供孩子上學念書，希望在後代裏培育出一兩個「讀書種子」。

仲揆也一直記得，爸爸在破廟裏開設的書塾大門上，常年貼著爸爸親筆書寫的一副對聯，上聯是「半畝桑田承祖蔭」，下聯是「一卷詩書傳後人」，橫批就是「耕讀傳家」。說到這種「耕讀傳家」的風氣，也許還跟曾在黃岡生活過的一些古代文化名人有關。

歷史上，有很多文化名人在黃岡地區生活過或擔任過官職。最有名的要數唐代詩人杜牧、北宋文學家蘇東坡了。

杜牧在黃岡地區當過刺史。他在黃岡地區留下了很多有名的詩篇，他到黃岡後寫過一首詩，名為〈憶齊安郡〉，其中有這樣幾句：「平生睡足處，雲夢澤南州。一夜風欺竹，連江雨送秋。」

「雲夢澤南州」大約指的就是黃岡。

還有一位北宋時的大文學家蘇東坡，也在黃岡當過團練副使。「團練」是古代負責地方軍政管理的官職，「副使」就是「副手」，是個沒有什麼實權的副職。蘇東坡當時因為「烏台詩案」得罪了朝廷，被貶到了黃州（現屬黃岡市）。蘇東坡在這裏創作了許多傳世的名篇，其中包括「一詞」——〈念奴嬌．赤壁懷古〉，「二賦」——〈赤壁賦〉、〈後赤壁賦〉，「一帖」——〈寒食帖〉。

也許正是因為杜牧、蘇東坡這樣一些在歷史上赫赫有名的文學家，在黃岡播下了

「文化的種子」，留下了一條代代傳承、綿延不絕的「文脈」，所以「耕讀傳家」的風氣也在這裏得到了保存和發揚。

身為塾師的李卓侯和夫人龔氏，對幾個子女更是言傳身教，日子再清苦、再窘迫，也不忘鼓勵孩子們好好認字念書。

仲揆五六歲時，就一邊幫家裏做些打柴、放牛、挖筍子、挖藕等農忙，一邊跟著爸爸用功讀書了。

在書館裏，仲揆簡直就是個「小書迷」，只要手裏捧著一本書，別的事就再也吸引不了他。有一次，在河邊放牛的時候，他看書看入迷了，兩頭水牛悄悄游到了小河對岸，他也沒有發現，差點把牛兒「丟」了呢！

仲揆從小也喜歡動腦筋。媽媽每次舂米時，都要不停地邊往石臼裏添加稻穀，邊踩著沉重的石碓舂米，非常吃力。不一會兒，媽媽就累得氣喘吁吁了。仲揆看著看著，就獨自琢磨了起來。

過了一會兒，他想到了一個好主意：找來一根結實的繩子，綁住石碓上的木頭，再把繩子從房樑上穿過去，這樣，媽媽用一隻手拉著繩子，一隻腳踩著木頭，手腳配合，舂起米來就輕鬆多了。

等到了入秋之後，接連下了兩三場秋雨，驅走了藏在江南人家的最後一絲暑熱，天氣很快就涼了下來。原本滿湖滿塘的荷葉，漸漸變得零落和枯黃了。這時候，野鴨、豆雁、蒼鷺一類的水鳥也許都知道，稀疏的殘荷漸漸藏不住自己了，所以也紛紛開始梳整翅羽，準備朝著更遠的南方遷徙。

每當這個季節，仲揆就知道，又到了跟著大人去藕塘裏挖蓮藕的日子了。

挖藕可是個力氣活兒，因為鮮藕都生長在荷塘底下深厚的泥巴裏。挖藕前需要先用腳去踩，叫作「踩藕」，踩到了哪裏有藕，再用長長的藕劃去挖開泥巴。

經過多次留心觀察和實踐之後，仲揆發現了一個「祕密」：只要順著有乾枯的荷葉梗露出的地方踩下去，塘泥下面一定會有粗大的蓮藕。所以每次挖蓮藕，仲揆年齡雖小，卻總是挖得又多又快。

挖回來的鮮藕，仲揆會揀出那些粗大、完整和賣相較好的，用小擔子挑著，去小鎮的集市上賣掉，換回點零錢給媽媽做家用。剩下的那些比較細小的，或不小心踩斷的藕節，勤儉持家的媽媽會做成藕夾、煨成藕湯給孩子們吃。

破土的幼筍

村後離仲揆家不遠處，有一片青青的南竹林。

每年春天，一場春雨過後，竹林裏就會鑽出很多粗大的竹筍。

「爆筍啦！爆筍啦！」在淅淅瀝瀝的春雨裏，仲揆會帶著弟弟妹妹，戴上斗笠，去竹林裏挖竹筍。有幾次，仲揆還特意獨自走進南竹林，守候在將要冒出筍子的地方，為的是親眼看到筍子爆出地面後，嘩啦一聲脫去筍殼的樣子。

有時候，爸爸也會來到竹林裏，砍回一些成熟的竹子，好給媽媽搭起幾個用來曬東西的竹架。爸爸告訴孩子們，砍掉幾棵成熟的竹子，還可以給新生的青竹騰出生長的空間。

春天裏，只要是下雨天，南竹林裏就會長出新筍，應和著天邊隱隱滾過的隆隆雷聲。竹林爆筍，那真是一種激動人心的生命景象！

好像雛雞頂破蛋殼，也像幼蟬衝破蟬蛻，每一株幼筍都是一種靜謐的、綠色的生命力的爆發。它們從厚積的枯葉和泥土下脫穎而出，在一瞬間，似乎只有一個念頭、一個目標：衝破束縛自己的殼，擴展開翅羽狀的枝葉，向上，向上，再向上！

每當看到剛剛挺出地面、還頂著新鮮泥土的筍子，仲揆就覺得，它們似乎不是在生長，分明更像是在飛翔！

出土後的竹筍長得很快，過不了幾天就能長成一根挺拔的竹子，每一根竹竿上都帶著一層薄薄的粉霜。

有時候，仲揆一邊在竹林裏尋找和觀察新筍爆出地面，一邊念念有詞地背誦著爸爸教給他的一首宋代詩人徐庭筠寫的〈詠竹〉詩：

不論臺閣與山林，愛爾豈惟千畝陰。未出土時先有節，便凌雲去也無心……

爸爸還幾次說到，千百年來，中國的讀書人最講究的就是氣節、節操，所以古代的文人騷客，從挺拔的竹子身上看到了一種「不折不從，堅貞魁偉」的氣節。

仲揆有時候還會從竹林裏撿回來一些斷竹，給弟弟妹妹做成一些簡單的玩具，有時候是一個風箏，有時候是幾個燈籠，外面糊上各種顏色的彩紙。

但他最喜歡做的是帶有小桅桿的「竹船」。竹船最難做，最有挑戰性，可他一點也不怕麻煩，總是把不知從哪裏找來的砍刀、錐子、銼刀、篾刀什麼的，一一擺在自己小小的「工作台」上，不大一會兒，就能給弟弟「造」出一只小竹船來。

仲揆為什麼這麼喜歡做小船呢？

原來，爸爸給他講過，就在他五歲那年，也就是一八九四年，中國和日本之間爆發了一場海上大戰，因為那年是農曆甲午年，所以這場海戰又稱中日「甲午戰爭」。當時中國吃了敗仗，清政府苦心經營的北洋艦隊全軍覆沒！第二年，也就是一八九五年的四月，清朝政府被迫和日本簽訂了喪權辱國的《馬關條約》。這場甲午海戰，給本來就十分貧弱的中華民族帶來了一次沉重的打擊。隨著日本和西方列強的國力愈來愈強大，中華民族面臨著受人欺凌卻無還手之力的危機……

爸爸講的甲午海戰的故事，就像村口的那塊大石頭一樣，一直壓在小仲揆的心上。有一天，小仲揆剛給弟弟做成了一只小竹船，就對爸爸說：「爸，等我長大了，去學習製造真的大船，好不好？」

「好孩子，有志氣！」爸爸聽了，有點吃驚地看著仲揆，喃喃說道：「『師夷長技以制夷』，眼下的中國啊，確實需要造出真的堅船利砲來啊！」

「爸，你說的『師夷……長技……』是什麼意思呢？」仲揆問道。

「哦，這是一位大學問家魏源在《海國圖志》這本書裏說的一句話。師，就是學習的意思，爸爸常跟你們說，要『以某某為師』，就是要向某某學習；夷，這裏指的是西方的洋人；長技，就是指西方洋人們的先進技術；制，就是制約、制服的意思。魏源提出『師夷長技以制夷』的意思，就是希望中國人也要向西方洋人學習製造堅船利砲的技術，然後用來對付和制約洋人對中國的欺凌與侵略。」

「爸，魏源先生說得很有道理呀！」

「確實有道理呀，咱們中國人現在最缺的就是製造堅船利砲的技術。」爸爸語重心長地說，「所以，仲揆呀，你小小年紀就有去造大船的志向，爸爸聽了真是高興！」

仲揆的爸爸說到的這位魏源先生，是當時中國少有的一位頗具世界性眼光，也懂得一些西方科學技術的大學者。當時，中國另一位非常有遠見的學者林則徐曾主持編譯了一部世界地理書籍《四洲志》，但《四洲志》的資料不夠翔實，魏源就在《四洲志》的基礎上，結合其他一些書籍，編成了一部更加詳盡的《海國圖志》。最開始時，《海國圖志》只有五十卷，到一八五二年已經增加到了一百卷。這部書廣泛地介紹了西方的百科知識，特別是提出了「師夷長技以制夷」的觀點，主張中國人應該向西方學習先進的科學製造技術，讓中國也變得強大起來。

魏源的這個十分先進的思想，後來成為晚清時期洋務運動的早期指導思想。

那麼，什麼是洋務運動呢？

原來，在清政府有一部份人接受了魏源等人的觀點，主張應當向西方洋人學習先進的文化和科學技術，用來提升中國自己的國力。這部份人還把這些主張變成了實際行動，在全國一些地方開始開礦山，辦鋼鐵廠，設立新式學堂，講授西方的科學技術知識，用來培養具有先進思想和科學知識的人才。

總管湖北和湖南等處事務的湖廣總督張之洞，就是洋務運動的代表人物之一。

在湖北，張之洞不僅主持興建了中國第一個近代大型鋼鐵廠漢陽鐵廠，還親自督建了京漢鐵路，創辦了湖北槍炮廠、大冶鐵礦等重工業廠礦。此外，他還主持創辦了湖北織布局、繅絲局、紡紗局、製麻局、製革廠等一大批中國近代最早的輕工業工廠。「輕」「重」並舉，湖北很快就成了當時「洋務運動」的中心，同時也成了引領中國近代工業風氣的地方。

僅有輕重工業還不夠呢！張之洞還親自主持，在武昌成立了湖北全省學務處，開始在各地興辦新式的中小學堂。特別是在省城武昌，興辦的新學堂數量超過了全國其他任何一個地方。

當時，湖北流傳著一首民謠：「湖北省，二百堂，武漢學生五千強。」就是說，在湖北的中小學堂有兩百來所，入學的學生人數有五千來人。

省城武昌開辦新式學堂的消息，很快就傳到了黃岡，也傳到了仲揆和他爸爸的耳朵裏。從小就有著強烈求知欲望的少年仲揆，一聽到消息就迫不及待地向爸爸媽媽說出了想去省城武昌求學的心願。

是啊，就像一株埋藏在泥土下新生的竹筍，在經過了漫長冬天的默默積蓄後，已經具備了足夠破土而出的力量，只要有一場淅瀝的春雨，它就能應和著隆隆春雷的呼喚，瞬間爆發出強大的力量，嘩啦一聲頂開壓在地面上的巨大頑石。

即將滿十四歲的山村少年仲揆，此刻正如一株正破土而出的幼筍，整個世界都在期盼他儘早長成挺拔的南竹。

新名字的由來

一九〇二年的冬天，第一場雪悄悄地來到了鄂東大地上。

雪花好像一朵朵白色的蒲公英輕輕地落啊落啊，落在高高的山頂上，落在密密的灌木叢中，落在深深的河谷裏，也落在河邊的烏桕樹和苦楝樹的枝幹上，落在空曠的稻田裏，落在村邊的牛欄上和草垛上……不一會兒，潔白的雪就蓋住了所有的山林與村莊。

很快，李仲揆就要滿十四歲了。這時，他聽到省城武昌開辦了新式學堂的消息，一連幾天睡不著覺，幾次想開口跟爸爸媽媽說自己想去新式學堂念書，但又擔心家裏生活實在窘迫，爸爸媽媽哪裏能拿得出餘錢供他去省城上學呢？

可是，想去新式學堂念書的想法緊緊地纏繞著他，揮也揮不走。最後，仲揆只好硬著頭皮跟爸爸媽媽開了口。

沒想到，爸爸媽媽竟然十分贊同他的想法。爸爸語重心長地對他說：「仲揆，你是有志氣的孩子，你放心吧，家裏的日子再苦、再難，我和你媽都會供你去省城念書的。」

第二天，爸爸就跟村裏的鄉親們借了點錢，湊足了仲揆去省城的路費。媽媽又連夜給他縫製了一件新棉襖。媽媽說：「去省城的學堂念書可不比在鄉裏書塾，穿得太寒酸會遭人笑話喲。」

仲揆卻笑著說：「媽，您放心吧，學堂裏比的是誰肯發憤用功，不是比誰穿得綾羅綢緞。」

爸爸聽了，也笑著說：「仲揆說得對。寒門之家的孩子穿得破點、舊點，這沒有什麼可笑話的。『天將降大任於斯人也，必先苦其心志，勞其筋骨……』仲揆，後面是怎麼說的來著？」爸爸故意問。

「餓其體膚，空乏其身，行拂亂其所為，所以動心忍性，曾益其所不能。」仲揆回答道。

媽媽一邊縫衣，一邊聽著這父子倆一唱一和的，心裏真是倍感欣慰。

去省城那天，爸爸媽媽和弟弟妹妹們一直把他送出了村口。

想到很快就能進學校上學了，仲揆好激動。小小少年挑著簡單的行李，邁開大步，在冬天的道路上飛奔著，就像小鷹展開了矯健的翅膀。

當時的武昌城裏一共開辦了五所高等小學堂，分為東、西、南、北、中五路，統稱為「五路高等小學堂」。每一座學堂招收一百名學生，入學條件是：能背誦經書一兩部，粗通文理，年齡在十一歲至十四歲之間。

仲揆費了好大勁兒，才找到了設在武昌水陸街守備衙門裏的湖北省學務處，在那裏領了一張考試報名表。按規定，每個考生要在報名表上仔細填寫上自己的姓名、年齡等資料。

也許是因為太激動了，要不就是因為心裏過於緊張，仲揆在填寫報名表時，誤把自己的年齡「十四」填寫在了姓名欄裏。

這可怎麼辦呀？如果要重新領一張表，就得花錢買，可他哪裏有多餘的錢呢？仲揆想了想，只好將錯就錯，順著筆畫把「十」改成「李」。可是，如果叫「李四」，就不太像個正式的名字，那倒真有可能遭人取笑。

正為難的時候，他一抬頭，看見前面的一塊匾額上寫著「光被四表」四個字。他靈機一動，就在「四」的後面又加了個「光」字。

從此，「李仲揆」就變成了「李四光」。

考試結果出來了，李四光考取了第一名！

他被錄取到了西路高等小學堂（又稱「第二高等小學堂」）。入學的學生全部實行寄宿制，只要被正式錄取了，讀書期間的衣食住用均由學堂供給。

這期間還發生了一個「小插曲」。李四光的試卷答得很好，得到了第一名，可考場上的那個主考老師，看到考試成績名列第一的考生竟然是來自黃岡山村的一個窮孩子，就不太想錄取他。幸好，這時候還有另一位老師，他曾是李四光的爸爸李卓侯的學生。他對主考老師說：「這個少年是我老師的兒子，腦子聰穎，讀書也很刻苦用功，理應錄取。」

考了第一名的李四光差一點失去這次入學的機會！在當時並不是人人都能平等享有受教育權利的。尤其是窮苦人家的孩子，能夠進入正規的官辦學堂實在不容易。

高等小學堂學制四年，開設有修身、讀經、國文、算術、歷史、地理、繪圖、體操和格致九門課程。「格致」一詞來自《大學》裏的「致知在格物」，相當於今天的自然科學課。

讓李四光喜出望外的是，入學後，學堂每月還發給每個學生七兩銀子。這樣，家裏的生活就能得到些改善，他心裏頭對全家人的愧疚也就稍微減輕了一點。

高等小學每天上課六個小時，每月要考試一次。學堂裏還有一條制度：每次考上前五名的學生，可以用官費送到英、美、法、德或日本去留學。

這是一個讓李四光十分嚮往的目標，所以他在學堂裏念書非常用功，捨不得浪費一點一滴的大好時光。

他對格致、地理、繪圖、體操等課程格外感興趣，尤其對一些西方最新的科學技術和發明充滿了好奇。在學堂裏，他每次考試都名列前茅，成了當時武昌西路高等小學堂中名副其實的「優等生」。

遠航的大船

二十世紀初葉的中國，雖然還處在清王朝的統治之下，但隨著民主和科學思潮的擁入，古老的中華大地上，一場巨大的歷史性變革正在孕育之中。

面對帝國主義列強得寸進尺的入侵和肆無忌憚的欺凌，清政府卻只顧苟且偷生，與外國列強簽訂了一個又一個不平等條約。這時候，一大批愛國的仁人志士，已經清醒地看到了中華民族正處在生死存亡的關頭。他們不甘心坐以待斃，他們要為國家尋找出路。屈辱和痛苦、憤怒與覺醒就像地火一樣在地下奔騰。古老的中國正進入一個風雲激盪、天翻地覆的時期，焚燬專制王朝的火種正在全國各地撒播著，清王朝專制統治的大廈已經搖搖欲墜，即將坍塌……

從一九〇二年到一九〇四年，少年李四光在武昌西路高等小學堂讀了近三年書。在這段時間裏，人類的科學技術也在飛快地向前推進和發展著，西方世界已經從蒸汽時代進入了電氣時代。

這幾年裏，萊特兄弟首次成功試飛了以發動機為動力的飛行器，年輕的瑪麗・居里（即居里夫人）和丈夫皮埃爾・居里因為對電離輻射現象的研究而獲得了諾貝爾物理學獎……

一九〇四年七月，李四光因為學習成績優異，被選拔為官費赴日本留學生。這年，湖北全省選出的官費留日學生共有九十名，大都來自各所中學堂，來自高等小學堂的學生只有東、南、西、北四路各一名。

生長在小山村的放牛娃長成了英俊少年，而且成了官費留學生，這對下張家灣村這個鄂東小村莊來說，簡直就是「文曲星」下凡了。

回到黃岡，辭別了喜不自勝的一家人，帶著官府發的一點旅費，還有媽媽忙碌了一整夜為他收拾好的簡便行裝和乾糧，少年李四光意氣風發地登上一艘大船，踏上了東渡扶桑之路。

這時候，他最大的夢想就是能成為一名造船工程師。從小時候聽爸爸講述甲午海戰的故事開始，他就深深懂得了一個道理：沒有堅船利砲，中國就會永遠落後挨打。

輪船緩緩駛出了上海吳淞口，進入了白茫茫的東海海面。海鷗追著船尾飛翔、高歌。李四光望著漸漸遠去的海岸，喃喃地在心裏說道：「等著我吧，我會回來的！」

因為官府發的旅費有限，他沒捨得買有單獨床鋪的船票，只買了一張統艙船票。所謂統艙，就是許多客人擠在一起，席地而眠的「大通鋪」。

客人們白天擠在船底，熱得滿身是汗，晚上就帶上一張蓆子到甲板上去睡覺。雖然是夏季，但是晚上的海風吹得猛烈，李四光每晚都會凍得瑟瑟發抖。

大船在海上要走好幾天，這期間發生了一件事情，竟然影響到了李四光後來一生的生活習慣。

原來，他在回黃岡辭別時，家人和村裏的鄉親們為他餞行，特意做了甲魚給他吃。因為李四光生活一直很清苦，極少吃大魚大肉，這次吃到的甲魚算是大葷，他的腸胃一時消化不了，到了船上，就開始拉肚子，一路上把他折騰得夠嗆。

大船經過日本的長崎、馬關、神戶，最終抵達了橫濱。在橫濱上岸後，他們還要再乘火車去往東京。到了東京，李四光的拉肚子還是沒有止住，他手上也沒有多少錢，一直捨不得去醫院。後來實在挺不住了，他才跟兩位中國同學借了點錢，去了醫院。醫生一檢查才知道，他患了痢疾。

經過一段時間的治療，病算是慢慢好轉了，但還時常復發。日本醫生囑咐他說，以後不能再吃大葷的食物了。從此，李四光在飲食上恪守著醫生的囑咐，再也沒敢吃大葷的東西，頂多吃一點蛋和魚肉之類的食物。

身體恢復後，李四光開始進入日本專門為中國留學生開設的一所普通中學——弘文學院的普通科學習。凡是中國留日學生，一般都要先到這裏學習日文和初等數理化，三年之後再進專業的學校。

在日本，他每月可以領到三十三元（日元）的「官費」，其中二十五元要交給學校作為學費和食宿費，剩下八元他可以自由支配。雖然遠在日本，但李四光心裏仍然惦記著家裏省吃儉用的父母親，還有弟弟妹妹們的生活。所以，他寧願自己每天過得清苦一些，也要節省下幾塊錢，一點一點攢起來，日後好補貼家用。

為了節省這幾塊錢，他想了各種辦法。比如，有時晚上讀書讀得太晚了，肚子餓了，他捨不得去買零食吃，就把生米放入暖瓶中，再倒進開水。經過一夜，米就泡熟成了稀粥，他便就著一點鹹菜吃，這比在學校食堂或在房東家包飯要節省得多。

一九〇七年七月，李四光從弘文學院畢業後，進入大阪高等工業學校舶用機關科，學習船舶動力裝置的操縱、檢修、監造等技術。當時，全校有四百多個同學，但選擇進入舶用機關科的新生只有十九人，李四光是班上唯一的外國學生。他已經習慣了那種「懸樑刺股」般的苦讀生活，所以無論在哪裏，他依然能保持著自己的成績。第一學年的物理，他的成績是全班第一；第三學年的實習，他是全班第二……在這裏，他覺得自己離小時候的夢想又近了一步。

一九〇七年暑假，李四光回國探親。那時，他的家已經從原先的回龍山街（鎮）下張家灣村，遷到了約三公里外的香爐山下。

香爐山漫山遍野生長著板栗樹。這些板栗樹有著十分頑強的生命力，哪怕是在最瘠薄的山崗，哪怕是在陽光照射不到的坡地，一棵幼小的板栗樹苗也能默默地長成枝葉繁茂的大樹，捧給人們滿樹芬芳而甘甜的果實。

李四光回到家鄉，全村人聽說「文曲星」回來了，老老少少都擁進他家裏，聽他講在日本的見聞。

李四光特意從東京帶回來許多知識圖片——有動物的、植物的、造船廠和各種大輪船的……準備讓弟弟妹妹們開開眼界，增長一些見聞。他把這些圖片一一貼在牆壁上，講給鄉親們聽。

從來沒有走出過香爐山的鄉親們從沒見過這樣的世面，一個個像在聽「天方夜譚」似的。

說見聞、講故事還不夠，李四光還想帶著幾個年輕人，運用自己學到的知識，一起動手為村裏打一口水井。因為他發現，香爐山的鄉親們每天喝的水都是村口水塘裏的，那水塘裏的水，牛羊也飲，鴨鵝也飲，很不衛生。

可惜的是，那時他還沒有學過地質學，不太瞭解地下水系的分佈規律，也沒有打井的經驗，所以在地下打了很深，最終也沒有打出水來。這件事給了他一個經驗教訓：要改造自然、利用自然，首先還是應該認識和掌握大自然的規律。

不過，他利用在日本學過的物理、化學和力學等方面的知識，採用人工過濾的方式，給家裏安置了一個過濾池塘水的裝置。他先是買來一口大大的水缸和一口比較小的水缸，然後在大缸的下部鑿挖了一個孔眼，裝上一根暢通的竹管，並在水缸底下放上一層石子和一層沙子，然後再蓋上一層紗布。接著，他把挑來的池塘水倒進大缸裏，渾濁的池塘水經過沙石層的過濾，通過竹管子流進了小水缸裏，原本渾濁的塘水就變清澈了。

鄉親們全跑過來看，詢問其中的道理。李四光一一講給大家聽，並勸說鄉親們以後就用這個方法過濾池塘水，這樣才能保障飲水的衛生，養成健康生活的好習慣。

這個夏天裏，他也經常在香爐山四周觀察那些長在山坡上的竹子和雜樹。他很欣賞漫山遍野的那些板栗樹。他想，板栗樹的生命是多麼神奇呀，每年冬天，大大小小的板栗樹上的枝枝葉葉，都會化作厚厚的泥土，但只要新一年的春天到來，已經變成了泥土的板栗樹的枝葉和果殼，就又會萌發出翠綠的新芽。用不了幾年，這些新芽就又長成了新的板栗樹，結出更加豐碩與甘甜的果實……

「是呀，樹猶如此，人生在世，豈不更值得加倍珍惜？」

想到這裏，他對自己的未來充滿了無限的遐想與信心……

孫中山的勉勵

在日本，少年李四光和許多有志的中國留學生成了好朋友，如宋教仁、馬君武等，他們的身分不僅是留學生，還是十分激進的革命青年。李四光是這些青年學生中年齡最小的一個，大家都很喜歡這個愛動腦筋、聰明伶俐的「小傢伙」。正是因為和這些革命青年頻繁接觸，李四光也漸漸接受了民主革命思想，他滿懷激情地站到了革命志士的行列裏。

當時，幾乎所有的中國留學生頭上都還盤著長辮子，但對於革命志士來說，長辮子卻是腐朽落後的清王朝的一種象徵。所以，剪不剪掉頭上的辮子，成了留學生們是革命還是不革命的標誌。

少年李四光到東京不久，就毅然決然地「喀嚓」一下剪掉了頭上的辮子，表明自己是完全站在革命一邊的。

一天晚上，李四光去參加留學生們的聚會，看見一個長得敦實的人正站在露天草坪上給大家演講。

橘黃色的燈光照耀著每一張年輕的臉龐，那個人一邊演講，一邊揮動著手臂，看上去是那麼有力量。

在這一瞬間，李四光好像從這個人身上看到了什麼叫「堅毅」、什麼叫「自信」。

這個人就是中國民主革命的先驅孫中山先生。

孫中山在國內和幾個志同道合的朋友一起，先後策劃了好幾次武裝起義，想要推翻腐朽的清王朝專制制度，但是因為缺乏廣泛的群眾基礎，最終都失敗了。清朝政府四處懸賞捉拿他和那些革命黨人。孫中山在國內無法再待下去了，只好流亡國外，日本、英國、法國……漂泊無定。但一次次的失敗，都沒有動搖他心中的信念。

一九〇〇年，孫中山又組織發動了一次起義，結果還是失敗了。他被迫再一次流亡到日本。李四光在日本留學的這幾年，正是孫中山籌備創建中國同盟會的時期。

一九〇五年八月二十日下午，在日本東京市赤坂區的一所私人宅邸裏，由孫中山領導和組織的一個全國性的、統一的革命政黨中國同盟會，悄悄舉行了成立大會。到會者約有一百人。大會通過了中國同盟會的章程，確定以「驅除韃虜，恢復中華，創立民國，平均地權」為同盟會的宗旨，這也是孫中山提出的革命理想。

其實，在成立大會正式召開之前，年僅十六歲的李四光就已經加入同盟會，成為同盟會的第一批會員。當時，孫中山帶領著會員們宣完誓、寫完誓詞後，看到少年李四光，便親切地和他說了一會兒話，並勉勵他說，你年紀這樣小，就要參加革命，這很好。

孫中山還送了他八個字：「努力向學，蔚為國用。」這八個字的意思是說：努力學好本領吧，將來用學問貢獻國家！

加入同盟會後，李四光因為年紀太小，只被分派到了一些貼標語之類的工作。但在他年輕的心中，革命的火種已經播下，拯救貧窮羸弱的國家於水深火熱之中的這個崇高理想和使命，正日益清晰。

雖然古老的中國地大物博，地下有石油和其他眾多寶貴礦藏，可當時中國的地質勘探和開採技術十分落後，沒有誰能找到它們。外國人甚至還說中國是一個「貧油」的國家，意思是說，中國是一個缺乏石油的國度。更令人痛心的是，外國列強不斷覬覦中國的領土，加上軍閥們連年混戰，一個古老的國家被宰割和踐踏得支離破碎、民不聊生……

沒有能力探尋和開發地下礦藏，沒有能源，國家也就強大不起來。李四光的「造船夢」很快就被貧窮、落後和戰亂給擊碎了。

一九一〇年夏天，李四光從大阪高等工業學校畢業，和其他幾位湖北籍的同學一起，結束了在日本的留學生活，回到了家鄉。

那時候，清政府對官費留學歸來的學生有兩個規定：一是回國後要在北京參加一次考試，二是要履行充當五年專門教員的義務。

李四光回國後，以時間倉促為理由，沒去北京參加考試，被直接派到設在武昌曇華林的湖北中等工業學堂擔任教員。

這個學堂是湖北當時唯一的工業學堂，李四光在學校除了當教員外，還負責工場的工作。工場就是供學生們動手操作的地方，包括鍛造、翻砂、打磨、木模等內容。李四光因為在日本學過機械製造和修理，所以對工場的工作一點也不陌生。

不過這時，小小的工場和學堂已經吸引不了他的心了，他就像是一隻已經展開翅膀的大鵬，他的夢想在更遠的天空之上。

在百姓窮苦、國家備受欺辱的年月，他憂慮得更多的是這個古老國家的命運和未來的前途。

他不時地想到孫中山對他的勉勵：努力向學，蔚為國用。

科學救國之夢

武昌位於長江和漢水的交匯處，緊鄰漢口和漢陽，水陸交通十分便利和發達。

鴉片戰爭以後，漢口開埠，外國列強紛紛進入漢口，劃設租界、開辦商行、建立港口，漢口逐漸成為中國近代最為繁榮的商埠之一。當時在日本駐漢口領事館做外交官的水野幸吉，在他所寫的《漢口》一書中說：「漢口今為清國要港之第二……使視察者豔稱為『東洋之芝加哥』。」

當孫中山在海外積極籌備資金成立同盟會的時候，湖北的仁人志士們也在學界和軍隊中頻繁進行著活動，後來成立了許多祕密革命團體，如共進會、文學社等。不久，同盟會和武漢的革命力量取得了聯繫，使這裏的革命基礎漸漸牢固，革命力量日漸成熟。

這時候，李四光和幾位在學界頗有影響力的黃岡同鄉，如吳昆、熊十力、劉通等來往密切。他們時常聚會，談論時局形勢，也抒發各自的抱負。

有一次，他們幾個相約，每人在一張白紙上寫幾個字表達自己的志向。李四光不假思索，用濃墨寫下了「雄視三楚」四個大字。三楚指的是戰國時期的楚地，後來泛指今湖南湖北一帶地區。

一九一一年夏秋之交，湖北的革命黨人得到了同盟會的支持，決定發動武裝起義。十月九日這天，起義組織者孫武等人正在漢口俄租界的一座小房子裏祕密裝配炸彈。可是因為不小心，炸彈爆炸了！巨大的爆炸聲使祕密起義的計畫暴露了，於是革命黨人決定提前起義。

十月十日夜晚，革命黨人打響了武昌起義第一槍。接著，他們迅速奪取了設在楚望台的清軍軍械庫，攻克了湖廣總督衙門，一舉佔領了武昌。

第二天，革命黨人在武昌成立了湖北軍政府，推舉黎元洪為都督，並宣佈將國號改為「中華民國」。

武昌起義點燃起來的革命烈火迅速燃遍了大江南北，各省紛紛響應，宣佈獨立，一瞬間就形成了全國規模的革命大潮，史稱「辛亥革命」，因為這一年恰好是農曆辛亥年。

到了一九一二年一月一日，孫中山在南京宣誓就任中華民國臨時大總統，宣佈中華民國臨時政府成立，並把一九一二年定為民國元年。

不久之後，李四光便被委任為中華民國臨時政府特派漢口建築籌備員。

接著，孫中山領導的中國同盟會總部也從日本東京移回南京，原本遭到了破壞的湖北同盟會也重新組織了支部，李四光當選為書記，主要負責會議記錄之類的工作。

孫中山擔任臨時大總統後，主張「實業救國」，在各省成立了興辦實業的實業司或實業部。只有二十三歲的李四光，也被任命為了湖北實業部部長（後改為實業司司長）。

然而李四光對做官沒有多大興趣，他雖然初涉官場，但一下子就看到了官場的汙濁、醜陋與腐敗。孫中山領導的革命，有其軟弱性和妥協性，革命「革」得並不徹底。果然，南京臨時政府僅僅存在了三個月，就把政權拱手交給了袁世凱。此後，軍閥們你爭我奪，連年混戰，「城頭變幻大王旗」，給國家和百姓們帶來了深重的苦難。

年輕的李四光內心非常苦悶，他想，眼下國家被弄得四分五裂、羸弱不堪，既然力量不夠，革命也不成功，而自己的年齡還不算太大，不如趁早離開齷齪的官場，再去讀上十年的書，把西方最新的科學技術學到手，積累充足的力量。

此刻，他已看不到「實業救國」的希望，他現在最大的夢想是「科學救國」。他明白，這時候世界上最先進的科學技術，仍然掌握在英、美、法、德等西方國家手裏。

正是因為這樣的背景和這樣的想法，一九一二年七月，李四光毅然決然提出辭去湖北實業司司長的職務，獲得批准後，便向政府申請了公費赴西洋留學的名額。

一九一三年夏天，二十四歲的李四光又回了一趟家鄉黃岡。

這一趟回鄉，他仍然不是回來與家人們團聚的，而是要再次跟他們道別，踏上遠赴重洋的路程。

香爐山的板栗樹上，已經結滿了帶刺的毛栗子。但是李四光不能再帶著弟弟妹妹們來採收它們了。

李四光把自己平時節省下來的一點積蓄，悉數交給了父母親，留作供弟弟妹妹上學的費用。他自己則帶著公家發的一筆出國留學費用，與老家在湖北崇陽縣的王世杰等人一同從漢口坐船到上海，又一次乘著大船駛出了吳淞口，駛進了茫茫東海。

這一次，他留學的目的地是英國伯明翰大學。在學業上，他也有了一個新的目標：他要學習採礦專業，將來好為國家尋找和開發地下寶藏。

礦井上空的星星

夜色已深，在黑暗的工棚裏，礦工們都睡著了，礦井四周變得異常寂靜，只有像寶石一樣璀璨的星星們在夜空裏默默地閃耀著。

這時候，一個英俊的中國青年正緊靠著一小團橘黃色的燈光，仔細地記錄著白天裏的觀察結果與感受。溫暖的燈光，映照著他年輕的臉龐。

這個青年，就是正在英國伯明翰大學留學的李四光。

他利用暑假的時間，來到一座礦山當了一名臨時礦工。他和英國的採礦工人一樣，穿上礦服，戴上礦燈，每天下到幾百公尺深的礦井中，學習操作開採礦洞的鑽探機，熟悉如何駕馭運送礦石的車斗。

此刻，他坐在礦山的工棚裏寫著筆記，心頭又浮現出了孫中山先生送給他的那八個大字：「努力向學，蔚為國用。」他好像看到了在遠方，在中國遼闊的大地下，那些沉睡的寶藏正等待著他回去喚醒。

李四光剛到英國時，先請一位房東老太太幫助他補習英文。和他一起「搭伙」的，還有另一位來自中國的留學生，名叫丁西林，他們同住在一個公寓裏。丁西林後來成了著名物理學家，他酷愛文藝，後來還寫過很多諷刺喜劇劇本，如《一隻馬蜂》、《等太太回來的時候》等，也是中國現代文學史上著名的戲劇家。李四光和這位江蘇留學生一見如故，成了知心好友。

可能是受了丁西林這個文藝愛好者的影響吧，李四光在英國留學期間，除了學習地質、採礦等科學方面的學問，也閱讀了不少英國經典文學作品，這不僅幫助他很快提高了英文水準，也豐富了他的文學和藝術修養。

到英國後的第二年，李四光從預科正式轉入伯明翰大學採礦專業。在當時的英國大學中，伯明翰大學在採礦專業方面的教學力量非常強。

經過一年的學習，李四光對自己所選擇的專業，對自己心中的那個夢想有了更加清晰的認識和瞭解。

古老的中國雖然地大物博、礦產豐富，但是真正的話語權都掌控在外國資本家手裏，他們說中國有什麼礦藏就有什麼礦藏。當時的中國政府對外國人的說法只有「言聽計從」的分兒，中國人似乎也只配給外國資本家當勞工、做苦力！

想到這些，李四光心裏憤憤不平。他漸漸明白了，以後要回國去為國家開採地下礦藏，首先就離不開地質方面的學問。要採礦，首先要把關於地下礦藏的話語權掌握在中國人自己手中。

所以，李四光在學了一年的採礦專業後，當機立斷，決定跟隨英國著名的地質學家包爾頓、威爾士等教授學習地質學。

地質學在當時算是比較冷僻的學問，將來所從事的工作，大多數時間也要在山野奔波，當然會很苦很累。這一點，李四光很明白。可是他也明白，他的選擇本來就是為了「蔚為國用」，所以他沒有絲毫猶豫，心裏也無怨無悔。

當時正值第一次世界大戰期間，英國不少礦山的青年礦工和技術人員都被徵召去當兵，上了前線，所以礦井十分缺乏勞動力。李四光得知這一情況，就利用假期，到礦井上當了一名臨時礦工。這樣，他不僅可以憑著一身力氣為自己賺取一點生活費，更重要的是，他可以就此實地考察和瞭解一些地質方面的學問，親身體驗和瞭解到採礦工人的艱辛和工作方式。

一些研究鄂東歷史和文化的人，大都認同一個觀點，那就是——在鄂東人的身上，尤其是鄂東的一些知識份子身上，有一種自強不息、勇往直前的「孤往」精神。這種「孤往」精神，說得通俗一點，就是一種吃苦耐勞、堅忍不拔、鍥而不捨的韌性和毅力。這種韌性和毅力，在身為鄂東人的李四光身上也有鮮明的體現。發生在留學英國期間的一件小事，正可以說明這一點。

一九一七年，李四光正在準備伯明翰大學學士學位的畢業考試。其間，他的小腿上長了一個膿瘡，每天都痛得十分難受。

可眼看著就快考試了，哪裏有多餘的時間去醫院治療呢？再說，他平時又十分節儉，哪裏捨得去花掉那麼多醫藥費！

怎麼辦呢？

他思考許久，拿起一把消了毒的刮鬍刀，咬緊牙關，自己動手，把那個膿瘡和周圍腐爛的皮肉都給挖掉了！

這個「手術」雖然不大，可是那得需要多大的勇氣、毅力和忍耐力啊！挖掉膿瘡後，他痛得臉色蒼白，額頭上全是冷汗。

他咬著牙，包紮好傷口，按時參加了考試。

考完後他去找醫生敷藥時，英國的醫生們睜大眼睛，幾乎不敢相信這個「手術」竟然是這個中國學生自己給自己做的！

不久，傷口癒合了，但李四光腿上從此留下了一個明顯的疤痕，就彷彿一枚獎賞給這位堅強勇士的永久的獎章。

正是靠著這種「孤往」精神，李四光從英國的圖書館、博物館和學術研究機構裏，蒐集到了許多關於中國地質方面的文獻資料，經過仔細的分析和思考，用英文寫出了一篇很有份量的論文，題目是〈中國之地質〉。

他在論文裏這樣寫道：「近幾十年來，科學普遍迅速的發展，影響所及，促使地質學家也要做出應有的貢獻。古老景觀神奇般的再現，地球有史以來各個時期古地理的多種推測，自然而然地喚起了地質學家擴大知識範圍的渴望；加上開發礦藏的需要日益增長，使得許多西方地質學家把注意力轉向新的角逐場——遠東。現今，我們所有為量不多的有關亞洲大陸幅員遼闊的中國的地質知識，大都是在這種時代召喚之下，由那些熱心的考察者努力作出的結果。」

從這些文采飛揚的文字裏，也可以看出他作為一位科學家所具有的人文修養。

他的論文裏，還有這樣一個常被後人稱道的觀點：「今天，我們要求新興一代的『炎黃』子孫，認識到自己肩負的責任，也許並非為時過晚。一方面，要為純科學的發展而盡力；另一方面，要用得來的知識，直接或間接地去解決有關工業的問題。」

雖然這是一篇科學論文，但從他的論述裏，人們仍然可以強烈地感受到，他對幅員遼闊的中國大地懷著一種深切的熱愛，以及一種強烈的自豪感和使命感。

不忘報國志

在英國，李四光和丁西林這一對室友曾經就各自的志向和愛好，有過一段有趣的對話。

丁西林知道，李四光最早的志向是學造船，所以他問李四光：「你將來是準備當造船工程師，還是當採礦工程師？」

李四光笑著回答說：「不瞞你說，我已經改學地質了。學地質，也是為了造船。」

丁西林被李四光的回答弄得有點懵了。

「你有沒有搞錯喲？搞地質與造船之間能有什麼關係？」丁西林不解地問。

李四光反問說：「那你先回答我，戲劇和物理有什麼聯繫？」

李四光知道，丁西林是學物理專業的，卻偏偏熱中於劇本創作。

丁西林說：「科學和文學是兩種思維方式，可以互為補充嘛。搞科學需要文學家的想像力，同樣，寫劇本也需要一定的邏輯思維能力。」

「說得對呀。」李四光笑著說道：「也就是說，在戲劇和物理之間並沒有相牴觸的東西，對吧？」

「那你說說看，造船與地質之間的聯繫在哪裏？」丁西林又問道。

李四光說：「其實，這種邏輯關係十分簡單。你想想啊，要造出堅船利砲是不是需要大量的鋼鐵？那鋼鐵從哪裏來？當然得靠開採鐵礦啦。請你再進一步想想，要開採礦山，你首先要弄清楚哪裏有礦藏吧？如果不懂地質構造，又怎麼能找到礦藏？」

「哎呀，原來是這麼個道理啊！」丁西林聽了，恍然大悟。

「所以呀，如果我們自己不會找礦，將來就只配給洋人們當礦工，賣苦力了。這種待遇，難道中國人還嫌不夠嗎？」

兩個人的這一席對話，不僅讓彼此弄清楚了一些專業選擇上的「不解之謎」，其實也給後來的人們留下了一些有益的啟迪：一位傑出的科學家，無論你學的是什麼專業，都需要掌握更加豐富和廣博的知識與學問，其中也包括文學藝術方面的修養。這是因為，各個領域的知識與學問，並不存在完全的隔膜，而是總有著千絲萬縷的相互聯繫。

正如丁西林後來既是物理學家，又是有名的戲劇家一樣，很多人可能想像不到，李四光作為一位赫赫有名的地質學家，竟然還成了中國現代音樂史上第一首由中國人自己創作的小提琴曲的作者！

不會吧？這是怎麼一回事呢？

原來，李四光改學地質學之後，一直在地質學家包爾頓教授的指導下學習專業知識。包爾頓教授對這位來自中國的勤奮好學的青年學生十分賞識，經常邀請李四光去他家裏做客。

包爾頓是一位古典音樂愛好者，而李四光也喜歡古典音樂，一有閒暇時間就喜歡聽音樂唱片。他買不起新的唱片，就到舊貨市場上去找舊唱片。到教授家做客時，他偶爾還會即興演奏一首小提琴曲，深得教授及其家人的欣賞。

現在，提起中國人自己創作的小提琴曲，很多人第一時間都會想到音樂家馬思聰在二十世紀三〇年代創作的小提琴曲〈思鄉曲〉，想到何占豪、陳鋼在五〇年代創作的小提琴協奏曲〈梁祝〉。可是，據上海音樂學院陳聆群教授考證，李四光在英國留學期間創作的〈行路難〉，是目前所能見到的最早的由中國人創作的小提琴作品。

「行路難，行路難。多歧路，今安在？長風破浪會有時，直掛雲帆濟滄海。」李四光的〈行路難〉曲子旋律優美、略帶憂傷，藉唐代詩人李白的詩作，用悠揚婉轉的小提琴的弦音，抒發了身在異國他鄉求學的一代青年知識份子的思鄉之情，以及自強不息、渴望光明和希望的心聲。

今天，如果你走進位於北京的李四光紀念館參觀時，就會發現，這首旋律婉轉悠揚的小提琴曲，已經成為紀念館裏令人難忘的背景音樂。還有一把李四光在英國使用過的古舊小提琴，也陳列在紀念館裏。

無論是小提琴曲還是那把古舊的小提琴，都不禁會讓人想到李四光在遠離家鄉和中國的日子裏，在異國他鄉所度過的日日夜夜……

改學地質之後，李四光便下決心，將來要從事地質勘探工作。有朝一日要回到中國，為國家探尋地下寶藏的理想和目標，變得更加清晰了。他在英國的學習，也緊緊圍繞著這個理想和目標。除了地質學，還有與之相關的力學、光學、聲學、電磁學等，都是他發憤學習的目標。

因為第一次世界大戰的爆發，當時的英國在經濟上進入了十分困難的時期，生活日用品也日益短缺，甚至連冬季裏取暖的煤都供應不上了。李四光作為一名清貧的中國留學生，每天遇到的困難可想而知。

最讓他苦惱的是電力供應不足，晚間經常沒有電燈照明，連蠟燭也不容易買到。這對每天都喜歡熬夜苦讀的李四光來說，簡直就是致命的困境。當時，甚至有不少學生覺得在這裏待不下去了，乾脆轉學離開了英國或回國去了。但李四光硬是靠著從小就鍛鍊出來的那種吃苦耐勞、堅忍不拔的「孤往」精神，節衣縮食，咬緊牙關，戰勝了種種困難，最終完成了全部學業。

一九一九年，李四光完成學業，獲得了碩士學位之後，就迫不及待地想著回去報效自己的國家了。

有一天，他正在法國等地遊學和考察，突然接到自己的導師包爾頓教授的一封電報，說是印度有一個礦山可以聘請他去當一名工程師，薪水也比較優厚。

李四光明白，導師是在為他的未來著想，他還好幾次被導師約去談話，導師希望他能繼續留在英國讀完博士學位。

到印度去當工程師，薪水高，待遇好，可以從經濟上幫助家中年邁的父母和正在念書的弟弟妹妹們。而留在英國再苦讀幾年，也可以輕鬆地拿到人人豔羨的博士學位。

李四光該如何選擇呢？

其實這時候，他的手上還捏著一封來自中國的書信。

這一年，中國國內爆發了五四運動。五四運動不僅是一場聲勢浩大的愛國社會運動，也是古老的中華文明的一場蛻變、一場新生。

以蔡元培、陳獨秀、李大釗、胡適、魯迅、周作人、錢玄同等人為代表的新文化陣營，在猛烈抨擊和掃蕩中國幾千年的舊思想、舊文化的同時，也高高舉起了最耀眼的兩面大旗：民主和科學。

「民主」的英文，是democracy，被當時的人們稱為「德先生」；而「科學」的英文，是science，被當時的人們稱為「賽先生」。

五四運動讓更多中國知識份子看清了，要想讓古老的中國徹底改變愚昧、貧窮、專制的落後面貌，只有儘快輸入「德先生」和「賽先生」這兩位「先生」的新鮮血液，這樣，一直被譏為「東亞病夫」的華夏民族才能重新屹立在世界東方。

李四光手上的那封信，正是北京大學校長蔡元培先生寫來的。蔡校長希望李四光儘快歸國，來北京大學擔任地質系教授。

李四光明白，這是中國向自己發出的召喚，自己一直心心念念的那個夢想——「努力向學，蔚為國用」，不是就要實現了嗎？

於是，李四光婉謝了導師的建議，決定立即啟程回國。

回國途中，他還特意取道經過了莫斯科，為的是親眼看一看十月革命後的「紅色蘇聯」。然後，他乘坐火車，經過茫茫的西伯利亞，在一九二〇年回到了中國。

「破褲子教授」

一九一七年一月，從法國回來還不到半年的蔡元培就任北京大學校長，他從文科入手，對北京大學進行了一系列改革，在學術研究上提倡一種「兼容並包」的風氣。

也是在這一年，北京大學恢復了停開已久的地質學學科，李四光受聘擔任的正是北京大學地質系教授，他為學生們開設了岩石學和高等岩石學兩門課程。

李四光講課認真，而且總會在授課中即時補充最新的地質學研究成果。為此，他每講一堂課，都得提前準備好幾個小時的材料。為了讓學生們獲得最直觀的印象，他還喜歡在課前先準備一些掛圖和實物標本，以便講課時展示給學生們看。所以，他的褲子口袋裏經常會裝著各種各樣的岩石標本，時間長了，褲子口袋就被石頭磨破，露出一個大洞。於是，李四光在學生中間便有了一個外號——「破褲子教授」。

學地質，當然離不開野外勘探。李四光不僅要求學生們學好岩石學、地層學、古生物學、礦物學和地質構造學等與地質息息相關的科學知識，還經常帶領學生去野外觀測岩層變化，採集岩石、礦物、化石等實物標本，每件標本都要仔細標明採集地點和時間。所以，每次從野外勘探歸來，他和學生們的背包裏都會鼓鼓囊囊地裝滿各種石頭。

有一次，他帶學生們去北京西山的楊家屯煤礦做實地考察。師生們披星戴月，早出晚歸，個個都興致勃勃的。這番情景，讓李四光頓時聯想到了自己在英國礦井當臨時礦工的那個暑假，他每個夜晚也都會像這樣披著滿天星光度過。

這時，一個名叫楊鍾健的高年級學生，笑咪咪地把採集回來的一塊石頭遞到了李四光手上：「李教授，請您看看這塊石頭，好像有點奇怪呢。」

李四光拿起放大鏡仔細一看，不禁喜出望外，驚叫道：「好傢伙！你們都來仔細看看，這塊石頭裏面有些什麼？」

原來，這是一塊十分罕見的含有植物化石的石頭。

李四光一邊轉動著石頭仔細觀察，一邊用讚賞的口吻輕輕吟哦：「晨興理荒穢，帶月荷鋤歸。道狹草木長，夕露沾我衣。衣沾不足惜，但使願無違。」

「教授，您念的是什麼詩呢？」

「哦，這是東晉大詩人陶淵明寫的〈歸田園居〉中的一首，描寫了陶淵明早出晚歸去田裏耕作的情景。」李四光笑著說道：「好啊，楊鍾健同學，你這不是『帶月荷鋤歸』，而是『帶月荷石歸』啊！」

因為李四光和學生們多次去野外觀測和採集，帶回了不少有代表性的標本實物，地質系的標本間很快就像模像樣了。

而那個名叫楊鍾健的學生，一九二三年從北大地質系畢業後，準備去德國留學。臨行前，他寫信徵求李四光的意見。李四光想到，眼下的中國還非常缺少研究古脊椎動物的專家，於是就建議楊鍾健最好選擇學習脊椎古生物學，並為他介紹了導師。

楊鍾健不負老師的期望，學成歸國後，畢生從事中國古脊椎動物化石的研究，成為著名的古生物學家。他後來回憶說：「我一生的工作，和李先生的這一指示是分不開的。」

李四光的課講得認真，對學生們的要求也很嚴格。學生上課聽講記下的筆記，他都要親自查看。倘若發現哪個學生的筆記記得「語焉不詳」，這就說明這個學生還沒有理解課堂上的內容，他就會單獨把這個學生留下，重新給他講解一番。

在日常生活上，由於李四光從小就養成了節儉的習慣，所以儘管他已身為北大名教授，但是從來不願像很多教授一樣，進進出出都要坐「包車」（人力車）。「在我們鄂東鄉下，只有那些財主土豪才一出門就讓腳夫用轎子抬著走。」他對同事說：「同樣都是人，我坐車，別人來拉，這是非常不平等的，我無法習慣這個。」

所以，他每次來北大上課，都是自己騎自行車。

當時，因為學校經費不足，地質系連個像樣的講堂都沒有。李四光就向蔡元培校長提出，自己願意兼職庶務主任，負責修整校舍。

經蔡校長同意後，李四光親自帶領學生丈量面積，繪製藍圖，把原來北大理學院後面的一個大殿改修成了一個大講堂，又把前面的一處雜草叢生、破敗不堪的舊院子修整成了一個小花園，這小花園後來成了師生們散步和聚談的好去處。

花園中間有一塊小窪地，他也沒有放過，竟然別出心裁地挖成了一個水池子，池子中心還建了一個檯子，上面安放了一架日晷。

檯子的四面各刻著一句取自《周易》的話，正面是「仰以觀於天文」，背面是「俯以察於地理」，左側是「近取諸身」，右側是「遠取諸物」。

這幾句話大致的意思是說，一個人生活在世界上，抬起頭可以去仰望天文，俯下身應該去觀察地理，從近處可以瞭解自身的生命，往遠處可以去認識自然萬物。只有這樣，人與世界才能和諧相處，才能達到「天人合一」的高妙境界。

顯然，這樣的話對學生們來說帶有很強的勵志意義，其中也包含著李四光對學生們的期望。

石頭裏的小蟲子

蜓，是一個不常見的字。牠是一種生活在海洋中的微小古生物的名字，這種古生物最初出現於石炭紀早期，到二疊紀末期滅絕。

這種古生物的形態是中間大、兩頭尖，看上去就像過去人們紡紗用的紡錘。紡錘，在過去也被稱為「筳」。所以，給這個「筳」字加上一個蟲字旁，用來命名這種形態像紡錘一樣的古生物，真是再形象不過了。

而創造了這個「蜓」字的人，正是李四光。

一九二三年一月，李四光寫出了一篇研究二疊紀地層中所含的微體古生物化石的論文，題目是〈筳蝸鑑定法〉。一年後，他又寫出了〈筳蝸的新名詞描述〉等論文。「筳蝸」就是他最開始時對「蜓」這種像紡錘一樣，而且還愛藏在石頭裏的小蟲子的稱呼。

後來他想，「筳」字本義是古代一種用來卷絲的小竹管，與生物沾不上邊兒，「筳蝸」這個名字會不會讓人誤認為那是一種形狀像筳的蝸牛呢？看來，用「筳蝸」來命名那種藏在石頭裏的小蟲子並不準確。他想了好久，忽然靈光一閃：給「筳」字加上個蟲子旁，把「筵蝸」改稱為「蜓科」，不是很合適嗎？大家對「蜓科」這個名詞拍案叫絕，從此，中國古生物學界就一直沿用這個專業名詞，直到今天。

從「蜓」字和「蜓科」這個名詞的「發明」，我們再一次看到了文學家的想像力是怎樣在一位科學家身上發揮了作用的。

經過好幾年的深入研究，李四光創立了蜓科鑑定的十條標準，獲得了中外學者們的認同。他還運用這十條鑑定標準，對中國北方的蜓科化石進行了系統的考察與研究，寫成了一部科學專著，書名叫《中國北部之蜓科》，並於一九二七年由當時的中國地質調查所作為「古生物學專著」出版了。

李四光對自己的這個研究成果十分有自信。他把這本書郵寄給了英國的包爾頓教授。包爾頓看了很是驚喜，隨即推薦給了伯明翰大學。伯明翰大學對李四光的研究成果給予了熱情的肯定，特別授予了他自然科學博士學位。

這時候還發生了一個小插曲：博士學位需要本人去領取，可是李四光不在英國，如果要請人代領這份博士證書，得花上十八英鎊買一套博士服和博士帽，穿戴著去領取才行。

李四光接到通知後，笑著說道：「我做研究工作，可不是為什麼博士帽，這玩意兒還要花錢，乾脆算了吧。」他打算寫封信去，感謝一下包爾頓教授和母校的好意，然後放棄這個學位算了。

幸虧他的夫人許淑彬覺得，失去了這個機會實在有點可惜，就背著李四光悄悄匯去了十八英鎊，最終拿到了這份博士證書。

可不要小看這些生活在億萬年前的，藏在石頭裏的小蟲子。李四光耗費了多年的時間來研究牠們，目的是解決中國北部上古生代煤系地層層位問題。當時，這個問題在中外研究地質的學者中引發了不少爭論。李四光的研究成果，很好地解決了當時爭論不休的地層劃分等問題。

接著，李四光在研究中又有了另外兩個重大的發現。

一九二一年春夏時節，他帶著學生到河北省邢台南部的沙河縣從事地質考察時，看見有一座不太高的孤零零的小山，看上去圓咕隆咚的，外貌奇特。當地人把這個小山丘叫「沙源嶺」。小山丘緊緊吸引住了他的目光。當他走近時，又發現地面上有一些奇怪的大石頭。他覺得，這些大石頭跟他老家下張家灣村邊的那塊莫名其妙的大石頭有點相像。

他不解地想道：難道這些大石頭是從西邊的太行山上滾下來的嗎？它們能滾這麼遠嗎？如果說是被洪水沖到這裏來的，好像也不太可能，那得多大的洪水呀！

「莫非……這是古代冰河的遺跡？」

這時，一個大膽的念頭像電光一樣閃過李四光的腦海。

他把這個發現和疑問記在了心上。他想繼續尋找一些證據，解開這些大石頭的來源之謎。

不久，他又帶著學生到山西的大同盆地做煤田地層調查。

在大同西南約二十公里的口泉鎮附近，有一條東西方向的山谷吸引住了他的目光。他是學地質的，對各種各樣的岩石外貌形態已經十分熟悉。他發現，這條狹長的山谷裏散佈著好多片麻岩、火成岩等大石塊，可是谷底和山谷兩側，分明又是由砂岩構成的。這是怎麼一回事呢？

顯然，這些散佈在山谷裏的石塊是從別處「搬」來的。

這一次，他不再有什麼猶豫，馬上就做出了一個判斷：這裏就是他要找的「冰河U型谷」！

冰河U型谷，指的是冰河經過的山谷，因為底部和兩側被冰河裹挾而來的石塊長年摩擦，形成一種凹槽的形狀，橫著切開來看，就像英文字母的U，所以也被稱為「冰河U型谷」。

果然，李四光在谷底仔細一搜索，找到了不少帶有擦痕的大石塊和鵝卵石。

回到北京後，他根據自己在沙河和大同考察時發現到的現象，寫成了一篇科學考察報告「華北挽近冰川作用的遺跡」，正式提出了中國第四紀冰河的問題。

這篇考察報告，被認為是李四光對西方一些權威地質學家的論點發出的一次「挑戰」。

因為在這之前，像德國的地質學家、探險家李希霍芬等學者，多次來中國考察，最終認為在中國的版圖上不存在第四紀冰河。

李四光的這篇考察報告推翻了西方學者的論調，揭開了中國第四紀冰河研究的第一頁。

除了中國第四紀冰河，李四光在研究石炭—二疊紀地層過程中，又有了一個新的發現：中國的石炭—二疊紀地層，在華北地區都屬於陸相沉積，中間夾有海相沉積的薄層。而在華南地區，卻是以海相沉積為主，並且愈往南方，海相沉積就愈厚。

為什麼會有這樣的南北差異呢？

帶著這個疑問，他翻閱了大量的地質文獻，瞭解地球上別的地區當時的海岸線向海水移動、海岸線向陸地退縮現象。最終，他提出了一種全新的假設。

以往有地質學家認為，大陸上海面或升或降的運動是具有全球性的。李四光卻認為，大陸上海水的進退不能完全歸結為這種運動，可能還有由赤道向兩極，以及反過來由兩極向赤道的方向性運動。沿著這樣的假設，他又進一步想到：為什麼海水會發生這種具有方向性的運動呢？

正是有了這些不斷的疑問、思考和假設，後來，經過了幾十年的考察、論證和不斷的探索，李四光最終創立了一門全新的學科：地質力學。

溫馨的家

李四光能做出這麼多貢獻，和他的夫人許淑彬的全力支持也密不可分。許淑彬出生在美麗的江南小城無錫，她的父親許士熊是晚清時的舉人，後來考取官費留學資格，赴英國倫敦大學學習政治經濟學，畢業後在中國駐英大使館工作，也是中國近代的一位著名學者。

許淑彬從小隨母親在外祖母家長大，許士熊從英國回來後，把她送到上海一家天主教堂辦的中學念了五年書，系統學習了英語、法語和音樂等課程。她有著令人羨慕的大家閨秀氣質，鋼琴彈得特別好。

一九二〇年前後，許淑彬在北京女子師範大學教授鋼琴，同時還在北京女子師範大學的附屬中學擔任英文和法文老師。

那段時間，中國不少地區遭受了較嚴重的自然災害，李四光等北京大學的教授和學生們一起，自發地組織起來，為受災的老百姓舉行賑災募捐活動。在一場募捐義演中，許淑彬擔任了鋼琴演奏的職務。演出結束後，一位熱心的朋友把許淑彬介紹給了還是單身的李四光。

按說，李四光是一位研究地質的青年科學家，是一個理科教授，他和喜歡彈鋼琴的英文老師許淑彬之間應該沒有多少共同語言。不過李四光非常喜歡拉小提琴，在英國留學時還譜過小提琴曲呢！可惜的是，他拉小提琴時從來沒有人給他伴奏過。

和許淑彬相識後，兩個人琴瑟和鳴，意外地在音樂上成了知音。李四光偶爾「技癢」拉一下小提琴，竟然有了許淑彬這樣一位專業的鋼琴伴奏者。

一對心心相印的年輕人，在優美的音樂聲中相愛了。

但那時候，李四光經常要帶著學生去野外考察，一去就是半個月，甚至一個多月，兩個相愛的人兒總是聚少離多。

有一段時間，李四光對許淑彬說：「以後我不能再練提琴了，時間不夠用，想要研究的課題愈來愈多，我們以後就經常通信吧。」

許淑彬笑著說：「你的心思我知道，一個志在高遠的人豈能把時間耗費在太多的兒女情長上。你去吧，你的心、你的夢，還有你的快樂，都在山野裏。」

如果沒有去野外考察，李四光一般是上午上課，下午教學生做試驗，晚上自己做研究，週末還經常帶著學生到野地去。他每個星期都不忘給許淑彬寫一封信，在信裏描述他們在野外工作的情景。有時候，他還會吟成幾首小詩寄給許淑彬。

有一天，李四光忽然把自己的老父親從黃岡寫來的一封信遞給了許淑彬看。老父親在信中寫道：「你既然和人家相識了兩年，互相都很瞭解，你已經三十多歲了，如果她家中同意就訂婚吧。」

李四光和許淑彬相識交往兩年多了，可是兩個人都沒好意思開口提出婚姻的事情。現在好了，李四光用這種方式，藉助老父親的書信向許淑彬吐露了自己的心事。

許淑彬去徵求家裏人的意見時，家裏人覺得，李四光出生在鄂東農村，父親是普通的私塾先生，而許淑彬是名門閨秀，父親是留英學者，又是外交官，兩個家庭地位懸殊。

但這時候，母親的一番話讓許淑彬吃了「定心丸」。

母親說：「寒門出狀元，人窮志不短。我看這個青年人還是樸實厚道的，踏踏實實，勤勤懇懇。兩人在一起，取長補短。」

一九二三年一月十四日，在一棟新租的小房子裏，李四光和許淑彬這兩個年輕人舉行了簡單的婚禮。北大校長蔡元培當了他們的主婚人。前來參加婚禮的，都是他們兩人熟識的好朋友。

寒風蕭瑟的時節，兩個人在一起步入婚姻殿堂的同時，也一起分擔了彼此的悲傷。原來，就在他們結婚前一個月，李四光的父親在老家不幸去世了；而在他們結婚的第二天，許淑彬的母親也因突發急病離開了人世。

但時光不捨晝夜，生活還在繼續，生命也生生不息。

這一年十月三十一日，李四光和許淑彬有了一個寶貝女兒李林。

許多年後，李林成了著名物理學家，並於一九八〇年當選為中國科學院學部委員（院士）。

有了一位賢淑的夫人，有了一個溫馨的家，有了一個小天使般的女兒，但李四光在家裏待的時間卻愈來愈少了。

許淑彬說得沒錯，他的心、他的夢、他的快樂都在風吹日曬的山野裏，在雲霧繚繞、滄海桑田的大地上。

「我們都是中華兒女，理所當然該把學到的知識全部奉獻給我的國家。」這是李四光經常講給學生們聽的一句話。

有一段時間裏，李四光帶著學生們去東北大興安嶺勘探地質和礦藏，一連兩個月都沒有任何消息。

許淑彬每天都惦念著他，對報紙上有關東北的報導也特別留意。一天，她在報紙上看到一條消息：大興安嶺有狼群出沒，咬傷了多位農人。

這條消息，讓許淑彬一連幾天都寢食難安，學校也沒有得到李四光他們在東北的任何音信。正當許淑彬心急如焚的時候，李四光總算是平安回來了，而且還帶回了幾塊特別的石頭。

「你看看這幾塊寶貝石頭，能不能看出來，它們跟一般的石頭有什麼不一樣？」李四光像展示寶物一樣，興高采烈地向許淑彬炫耀著手上的石頭。

「我又沒有『火眼金睛』，哪裏看得出這石頭有什麼特別之處？」許淑彬笑著說：「給我用來壓醃菜罈子，大小倒是挺合適。」

「壓醃菜罈子？那可真是大材小用了。」李四光說，「淑彬，妳知道嗎？這幾塊石頭讓我們找得有多辛苦！它們可不是普通的石頭，它們意味著，我們為國家找到了幾座稀有的金屬礦藏！」

「真有這麼大價值嗎？」許淑彬故意帶著將信將疑的口吻笑著說道。

李四光迷戀自己的石頭，在他的夫人看來，有時真是到了「走火入魔」的程度。

有一年冬天，在寒冷的深夜裏，李四光躺在床上，還一手拿著石頭，一手握著放大鏡，翻來覆去地端詳個不停。

許淑彬真有點忍無可忍了，她趁著李四光不在家時，把他的幾塊石頭拿出來，鋪放在床上，還特意用被子蓋好，然後帶著女兒回娘家去了。

李四光回到家中，掀開被子，看到放在床上的那幾塊石頭，心裏一下子就明白了，這是夫人對他一心迷戀石頭，忘了照顧妻女所表達的一種「抗議」。

第二天，李四光匆匆忙忙趕到岳丈家，笑著跟夫人道歉說：「對不起，對不起，最近我光顧著自己工作了，實在不是個好丈夫和好父親。以後，我一定記著抽時間陪伴妳們。」

還有一次，李四光答應說，星期天要陪夫人和女兒去頤和園遊玩。

那時候，北京城的交通還不太方便，去頤和園要騎毛驢才行。許淑彬在星期六就提前租好了毛驢。

第二天早晨，趕毛驢的來了，許淑彬帶著女兒騎上了毛驢，李四光卻忽然趕來對她們說：「實在對不起妳們，我今天有一件要緊的事，不能陪妳們了，妳們自己去吧。」說完，他就匆匆趕往學校去了。

許淑彬雖然很生氣，但也沒辦法，只好自己帶著女兒去了頤和園。

可到了頤和園不久，她忽然看見李四光又汗水涔涔地追了過來，對她說：「我本來已經答應了你們的，卻又臨時改變主意，心裏很是愧疚，注意力也不能集中，工作也做不下去，所以又趕緊跑了來……」

又有一天，李四光和往常一樣，很晚還沒有回家。女兒吵著要爸爸，許淑彬只好帶著女兒到學校去接李四光。

女兒來到爸爸的工作室時，看到爸爸正在全神貫注地觀察顯微鏡下的石頭。她故意躡手躡腳地走到爸爸的書桌邊。爸爸用眼角的餘光看到了一個小女孩，竟然不假思索，頭也不抬地問道：「咦，你是誰家的孩子呀？怎麼跑到這裏來了？」

李四光心不在焉的問話，讓夫人和女兒真是哭笑不得。

一塊彎曲的小礫石

一九二七年，南京國民政府任命蔡元培擔任中央研究院院長。中央研究院下面又成立了好幾個專門的研究所。一九二八年一月，蔡元培邀請李四光籌建了地質研究所，並由李四光擔任地質研究所所長。

從此，李四光在地質研究所裏度過了二十多年，為地質事業耗費了大量心血。

一九三七年，抗日戰爭全面爆發，地質研究所遷到了廣西。

戰亂年月，山河破碎，李四光一家人也跟當時所有的中國人一樣，流離失所，不得不背井離鄉，輾轉千里，遷徙到了桂林。

可是，剛到桂林不久，地質研究所的房子就被日軍的飛機炸毀了。國恨家仇，災難重重。李四光和家人、同事們一道，度過了一段漫長的、極為艱難困苦的歲月。

但是，即使在戰亂的歲月裏，他也沒有停止地質學的研究工作。

一九三九年，他的科學巨著《中國地質學》（英文版）在英國倫敦出版。

在這部著作中，他這樣描述了中國大地的地理構造輪廓：「中國擁有東亞大部陸地，作半圓狀，圍繞著偉大的青康藏高原，即所謂『世界屋脊』，它好像樓梯，向著太平洋海岸一級比一級降低。」

那氣勢恢弘的文筆裏，隱隱透露出一種強烈的民族自豪感。

當時，西方有一些人認為，「青康藏高原」不完全是中國的一部份。為了糾正這種觀點，李四光在這部著作裏，特意把「青康藏高原」放在了中國自然區域的第一位，告訴了全世界，「青康藏高原」在中國版圖上的地位和重要性。

《中國地質學》是第一部由中國學者用英文撰寫而成的全面、系統論述中國地質和地質構造特徵及其發展過程的專著，書一出版就引起了全世界的驚歎。英國著名科學史專家李約瑟，在他的科學名著《中國科學技術史》裏講到中國大地構造時，這樣評價說：「很幸運，在這一方面，最卓越的地質學家之一李四光為我們提供了第一部內容豐富的地學著作——《中國地質學》。」

一九四一年前後，李四光一家在廣西良豐雁山村旁居住時，李四光帶著助手在附近的駕橋嶺一帶考察冰河遺跡。地質所的一位名叫張更的考察隊員，在第四紀冰磧和冰水沉積物中，發現了一塊不足一寸長，中部彎曲成九十度的小礫石。

在這塊奇異的小石頭凹陷的那一面，能清晰地看見一些「皺紋」，而凸出來的那一面卻非常光滑，只有表面的一些擦痕。

李四光從張更手上接過這塊小礫石一看，趕緊讓大家圍攏過來。他翻來覆去地轉動著小石頭，說：「你們看，你們看，本來像這種細粒石英砂岩性質的石頭是易脆易碎的，可這塊礫石卻彎曲成了馬鞍形，這是為什麼呢？」

大家面面相覷，不知道是怎麼回事。

李四光接著說：「這塊礫石的彎曲形變，可能正好顯示了岩石的彈塑性和某種塑性形變。這一類現象對我們探討岩石彈塑性能來說，是個最好的證據。石頭雖小，意義重大！」

說著說著，他把小石塊遞給張更，說：「你把它保存好，這是一塊十分難得的石頭標本，應該好好研究一下。」

張更說：「先生，還是您來保存吧，它對您可能更有用。」

李四光用手托著這塊小礫石，左看右看，愛不釋手。

回家後，他怕這塊標本磨壞了，還特製了一個小木盒，裏面墊上棉花，仔細地保存了起來。

後來，他又特意為這塊小礫石拍了照片，還寫了一篇文章，題目就叫〈一個彎曲的礫石〉。

一九四六年，這篇文章刊登在英國《自然》雜誌上，他給這塊小礫石起了個名字叫「馬鞍石」。

再後來，他在別的地區的冰河堆積物中，又找到了這種馬鞍石，還有燈盞石等能夠顯示類似彈塑性和塑性形變的小礫石。

圍繞著那塊珍貴的小礫石，還發生過一個有驚無險的「小插曲」。

在發現那塊小礫石後不久，廣西大學請李四光去做學術報告。在報告中，他又講到了岩石在不同條件下，會產生變形或破裂的反應。

講到這些道理時，他從口袋裏掏出小盒子，拿出那塊小石頭展示給大家看：「在這方面，自然界給我們做了不少實驗。你們看，這塊小石頭就是自然界實驗的結果。」

大家饒有興趣地傳看著馬鞍形的小石頭。

李四光繼續說道：「我搞了這麼多年的地質考察，很少見到這麼完美的『實驗結果』。在我看來，它比一塊寶石要寶貴得多！」

可是，等到學術報告結束後，這塊「比寶石還要寶貴」的小石頭卻被傳得不見蹤影了，等了好久也沒有人送回來。

這下可把李四光急壞了。

「難道是哪位聽者也跟我一樣愛不釋手，悄悄把它收歸己有了？」想到這裏，李四光心痛得有點難受，連晚飯都沒有好好吃。他覺得自己從來沒有這樣懊喪過，真後悔不該把小石頭拿出來展示給大家看。

珍貴的小石頭丟失了，請李四光來做報告的廣西大學，從上到下也感到十分愧疚和不安，於是趕緊貼出了佈告，說明小石頭雖然具有重大的地質研究意義，但並沒有什麼經濟價值，如果現在小石頭正在誰的手上，希望千萬不要丟掉，趕緊物歸原主。佈告上還提示說：肯把小石頭交出來的人，將給予一定的獎賞。如果不方便直接交還，還可以放在校園裏的某一棵老榕樹的樹洞裏。

謝天謝地，三天之後，在學校指定的那棵老榕樹的樹洞裏，有人悄悄放進了一個紙包。打開一看，裏面果然就是那塊變形的小石頭。

小石頭「完璧歸趙」了，李四光心裏好像也有一塊大石頭落了地。

不過，這個意外的「小插曲」也讓李四光一想起來就有點「害怕」。從此以後，他就定下了一個「規矩」：想看這塊小石頭的人只能當著面看看，絕不允許拿出標本室。

直到今天，這塊寶貴的馬鞍形的小石頭，仍然保存在北京李四光紀念館裏，人們稱它是一塊「有故事的小石頭」。

國破山河在

一九四四年，日寇的鐵蹄踏向了中國南方的廣大地區，廣西、貴州的人們開始紛紛逃往四川、重慶。

「國破山河在，城春草木深。」李四光望著處在戰爭陰影之下，天低雲暗的祖國山河，心裏湧起一陣陣憂憤，「千千萬萬被日本軍逼得家破人亡、四處逃亡、無處藏身的勞苦人，日子就更不好過。在這個世界裏，一些想做學問、想有所作為的人，不要說不能安心工作，連死了也都會無人問訊的。」

他為什麼會說出這樣傷感的話呢？

原來，就在一九四二年，他的一個很有成就的學生，也是他很好的朋友朱森教授，因為生活貧困，積勞成疾，又遭到迫害，不幸英年早逝了。

李四光在廣西的山村裏獲知了朱森在重慶去世的噩耗，心裏十分悲痛。

那天深夜，他回想起昔日和朱森等青年學生一起深入南嶺山脈，夜住帳篷，渴喝山泉水，一心只想著為貧窮的祖國找到更多礦藏的日子，不禁萬分傷感。

為了紀念年輕的地質學教授朱森，李四光含淚寫下了一首五言詩〈悼子元〉：

崎嶇五嶺路，嗟君從我遊。
峰壑隱復見，環繞湘水頭。
風雲忽變色，瘴癘濛金甌。
山兮復何在，石迹耿千秋。

眼看著一家人在廣西的日子，也是一天比一天更加艱難了，李四光和家人決定取道貴州，朝著重慶方向逃難。

往貴州獨山去的時候，一家人事先也沒帶什麼乾糧，只能每頓買一碗稀飯喝了充飢。到後來，連稀飯也喝不上了，只能喝點火車上的開水了。

那時候，日軍的飛機還天天跟著火車轟炸，情況十分危急。李四光帶著妻子和女兒走了七天七夜，總算到了獨山。可這時，他卻和女兒一起病倒了。夫人許淑彬因為長時間的飢餓，身體也十分孱弱，但她也只能硬撐著照顧兩個病人。

很快，獨山也待不下去了，他們又往遵義方向走，並在初冬時節翻越婁山關，最後總算到達了重慶。到達重慶後，在朋友們的幫助下，李四光一家在沙坪壩去往磁器口的公路邊租到了一座小房子，算是勉強安頓了下來。

這時候，夫人許淑彬因為千里奔波，幾度受驚，身體也累垮了，躺在床上不能活動。李四光只好早出晚歸，一邊從事研究工作，一邊盡心照料臥病不起的夫人。

他每天早晨七點左右就起來，步行到位於沙坪壩的重慶大學去講課，下午則到地質所做研究，然後又步行好幾里路回家。回到家時，往往已是星星升起的夜晚時分了。因為生活拮据，缺少營養，他的身體也變得愈來愈虛弱。有一天，他終於支撐不住了，暈倒在了去沙坪壩的路上。

幸虧有一個重慶大學的人也從這裏路過，看見躺在地上的李四光教授，就急忙喊人過來，把他抬到了附近一個茶館的籐椅上躺著休息，並請來醫生給他打了針。過了好一會兒，李四光才慢慢甦醒過來。

戰爭的年月，艱難的生活，讓李四光一家人都真切感受到了一種家國之痛，體會到了這場戰爭給國家、給民族帶來的痛苦和災難有多麼深重。

創立地質力學

一九四五年一月十一日，是一代教育家蔡元培的誕辰紀念日。蔡元培是李四光志同道合的摯友，李四光也一直把蔡元培視為自己的知己和恩人。一九四〇年三月五日，蔡元培在香港病逝。五年後，在蔡元培誕辰紀念日這天，重慶的教育界、學術界和文化藝術界共三百多人聚集在一起，隆重紀念蔡元培先生。

李四光應邀在大會上做了一場精彩演講，演講的題目是「從地質力學觀點上看中國山脈之形成」。

李四光的演講生動、風趣，而且通俗易懂。

他說，世界上大小山脈很多，中國境內大小山脈也很多。為什麼會形成這麼多大大小小的山脈呢？這是一個國家內的問題，也是一個世界的問題。

有人喜歡用「穩如泰山磐石」這樣的比喻來形容山脈，但李四光卻不這樣看，他更欣賞古代學者朱熹對大山的描述：山如波紋狀，但不知何以凝結。他給大家解釋說：「如果我們能有一萬年或者兩萬年的壽命，如果我們站在一個極高的地方，同時我們又有銳利的眼睛可以看到很遠很遠，那麼，就可以看見山丘陵地便如大海波濤似的起伏波動。」

他講到這裏的時候，台下的聽眾們聽得如癡如醉，覺得這簡直就像是抒情詩人在「吟誦」一樣。

接著，李四光又舉了一個更加形象、更容易理解的例子，讓大家更好地理解岩石的變化。他說，有一次，他在一個小販那裏買麥芽糖，小販敲了半天，敲下了一塊給他。這時候，他看見對面有一位朋友正走來，覺得有點不大好意思，趕緊把麥芽糖裝進了口袋裏。

過了一會兒，他再把麥芽糖拿出來時，麥芽糖就變得有點黏手了，輕輕一拉，竟然可以拉成一長條。等拉不動的時候，一打又可以把它打斷。

「這就是一種很奇特而常見的東西。」他笑著引申道：「有許多東西似固體，但實際上又是特殊的液體，是介於固體、液體之間的東西。」

當他講到這裏，大家正聽得十分入神時，忽然聽見台下喀嚓一聲，原來是主持會議的朱家驊把椅子給坐垮了。台下頓時哄堂大笑起來。

「你們看，這不就是『突變』嗎？」李四光趁勢笑著說道：「科學要尊重事實，不能胡亂編造理由來符合一個學說。比如椅子壞了，摔下來一個人，這要研究那椅子的種種條件，來說明那椅子為什麼非要把人摔下來不可，為什麼那椅子非『變』不可。」

李四光一番機智的即席發揮，引起了大家會心的笑聲。

到了四五月間，重慶大學和中央大學聯合舉行學術報告會，邀請李四光做學術演講。這一次，李四光系統地講述了他二十多年來一直在鑽研的地質力學。

正是在這次的演講稿的基礎上，李四光整理和完成了又一本地質學著作《地質力學之基礎與方法》。這本書先是在一九四五年五月由重慶大學地質系印發，一九四七年又由中華書局作為中國科學社叢書之一正式出版發行。書中，他系統地講述了地質力學的基礎與方法，這對建立地質力學這門學科具有里程碑式的意義。

在這之前，還沒有哪一位地質學學者提出過這樣的理論。

這一年，李四光五十六歲。

伴隨著地質力學理論的問世，這一年，對日抗戰也獲得了最後的勝利。

當日本宣佈無條件投降的消息傳到重慶，整個山城發出了一片沸騰的歡呼聲。

在勝利的喜訊傳來的時候，李四光也和受盡艱難困苦的夫人、女兒緊緊相擁在一起，流下了喜悅的熱淚。

凌晨的電話

一九四八年，第十八屆國際地質學會會議在倫敦召開。李四光作為中國地質學會的代表，應邀前往參加這個大會，並宣讀論文。

夫人許淑彬也隨他一起從上海乘船，經香港到了倫敦。這時候，他們的女兒正在劍橋大學讀書，一家人在倫敦團聚了。

此前，李四光曾在一九三三年的第十六屆國際地質學會會議上發表了論文〈東亞構造格架〉，又在一九三七年的第十七屆學會會議上發表了論文〈中國震旦紀冰川〉。之後，因為第二次世界大戰爆發，第十八屆國際地質學會會議延期了七年才終於得以召開。在這一屆學會會議上，李四光發表的論文是〈新華夏海的起源〉。

像他以往的那些文采斐然的地質論文一樣，李四光在這篇文章裏，既邏輯嚴密又熱情澎湃地論證了「新華夏海」地質構造體系的起源，同時也「妙語雙關」地向全世界預告：一個偉大的新華夏、新中國，即將在東方崛起！

因為李四光夫婦兩人的身體都不太好，所以會議閉幕後，他們決定在英國療養一段時間。

在這期間，他們為在劍橋大學讀書的女兒和她的未婚夫鄒承魯，舉行了一個簡單的婚禮。鄒承魯祖籍江蘇無錫，出生在山東青島，那時候也在劍橋大學念書。一九五一年，他獲得劍橋大學生物化學博士學位後回國，成為中國著名的生物學家，並被選為中國科學院院士。

李四光雖然身在英國，心裏卻一直惦念著中國的消息。

在他們暫居英國的這一年裏，中國共產黨接連取得了遼西、徐蚌、平津三大會戰的勝利，國民黨的統治迅速地土崩瓦解了。

一九四九年十月一日，中共建政。

就在中華人民共和國即將誕生之際，李四光正焦急地等待回國。一天凌晨，他的床頭突然響起了一陣急促的電話鈴聲。

「仲揆，聽我說，你和淑彬得趕快離開英國了，不然會有麻煩的。你最好單獨先走，先去瑞士，再讓淑彬隨後到瑞士與你會合。」

原來，他的一位朋友得到一個消息，說是國民黨想要讓李四光發表一個公開聲明，拒絕接受中國共產黨領導的全國政協委員的職務。如果李四光不肯發表這樣的聲明，他就很可能會被國民黨扣留。

李四光這時候才知道，自己的名字已經公開出現在中華人民共和國的政協第一屆全體會議代表名單裏了。

「仲揆，事不宜遲，趕緊走吧，不然你們可能被扣留在英國。」

電話那邊，朋友的聲音聽上去有點焦急和憂慮。

於是，李四光當機立斷，先自己一個人悄悄搭乘一艘小輪船離開英國，前往法國。之後，再讓許淑彬也離開英國，來和他會合，接著再一起返回中國。

他隨身只帶了五英鎊的旅行支票和一個小皮包，皮包裏是他正在寫的文章和幾本書。

臨走前，他給國民黨駐英國大使留下了一封信，信上表明：我絕不發表你們要我發表的聲明，我要立即返回中國去，也奉勸你們不要再為蔣介石集團效力了。

兩個星期之後，借住在女兒那裏的許淑彬在百般焦急中，終於等來了李四光的一封信。許淑彬一看就知道了，信封上的英文地址和收信人名字都是李四光用左手寫的，因為他怕有人認出他的筆跡，又帶來什麼麻煩。

他告訴夫人和女兒、女婿，他已經安全到達了瑞士，住在瑞士與德國交界處的一個小城裏。

信上說，他之所以選擇住在這個小城裏，是因為這裏不是風景區，不會被人注意。而且，小城附近的地質地貌很特別，他還可以順便做點野外考察。

他匆匆離開英國時，身上沒帶多少錢，幸好旅店老闆還比較相信他，暫時讓他拖欠了一些食宿費用。

許淑彬接到信後，迫不及待地讓女兒把她送到了瑞士的那個小城，順利地找到了李四光暫住的旅店。

可是，李四光沒在旅店裏。旅店老闆說，他一早就出去了，但有一條留言，說是如果夫人和女兒來了，請她們先吃飯、休息，不必等他。

原來，李四光一大早就背上簡易的工作包，到野外觀看那裏的地貌地質去了。

就在等待回國的這些日子裏，李四光為悼念已故的著名印度古植物學家薩尼教授，寫下了〈受了歪曲的亞洲大陸〉一文。

表面上看，他寫的是一篇地質學論文，觀點鮮明地指出：過去一些歐美的地質學家用狹隘的眼光來看待和解釋由亞洲大陸構造形式表示出來的造山運動，從而使得亞洲蒙受了許多歪曲和冤枉，這種論點需要重新認識和得到糾正。

然而，到了文章結尾，他又滿含激情地寫道：

我們的結論是，隨著地球旋轉加快，亞洲站住了，東非西歐破裂了，美洲落伍了！

他說的僅僅是世界大陸板塊的變化嗎？不，他似乎也是在抒發著自己對未來的世界，對國家明天的展望……

一九四九年十二月二十五日，李四光夫婦終於等到了啟程的日子。他們從意大利的港口城市熱那亞啟程，登上了駛往香港的大船。

夫婦倆算了一下時間，這艘輪船要在茫茫大海上航行三個多月才能到達香港。對歸心似箭的他們來說，這將是一段多麼漫長難挨的時間！

一九五〇年三月，經過了三個多月的航行，李四光和夫人許淑彬終於抵達了香港。五月六日，他們回到了中國的首都北京。

這一年，李四光六十一歲。

為國家探尋寶藏

李四光是一九四八年離開中國去英國的，僅僅隔了兩年，當他重新返回中國的時候，這個古老的國度已經進入了一個新的時代！

到達北京不久，總理周恩來就來看望他們了。

周恩來一進門就熱情地問候他們，詢問他們生活上的種種問題。之後，許淑彬和隨行人員退出了房間，周恩來與李四光又暢談了近三個小時。

周恩來從當前迫切的需要談起，提出希望李四光除了在科學院方面協助郭沫若做好自然科學方面的工作外，還要把組織全國地質工作者為國家建設服務的主要責任擔負起來。

此時此刻，他一點也不覺得自己是一位年屆六旬的老人，他感到渾身充滿了要工作、要繼續奮鬥的熱情和力量！

周恩來還和李四光交換了如何組織地質工作機構的初步設想。

一九五二年八月，中共中央人民政府委員會第十七次會議通過決議，成立了地質部，李四光被任命為部長。

有多少工作在等待著李四光和他的同事們啊！在那些日子裏，李四光每天都是那麼忙碌。國家的礦山、水利等方面的建設工程需要儘快恢復和開工，煤炭、石油和各種金屬礦產需要儘快勘探和開發出來，熱火朝天的國家建設事業正亟需這些寶貴的能源和資源。

還有，地質人才還是那麼缺乏，也需要加快培養的步伐。

寶石一樣的星星在夜空中閃耀著，李四光好像聽到在遼闊的大地下，那些沉睡的寶藏正在等著他去找到它們，叩醒它們……

有時候，天還沒有亮，星星還在山峰間閃爍時，他就穿上野外考察專用的「地質鞋」，戴上草帽，帶著一些年輕人出發去勘探了。

山路彎彎，伸進了茫茫的遠方。山腳下，有他們臨時駐紮的帳篷。李四光說，國家需要的寶藏，就藏在這些大山深處。

到了寂靜的夜裏，李四光就會拿起放大鏡，在燈光下端詳著從各地採集回來的石頭。他知道，這些石頭裏藏著破解地質之謎的鑰匙。

他所創立的地質力學，現在也可以更好地發揮作用了。有了這門學問，科學家和地質勘探隊員們可以更準確地在深山、峽谷、草原和海洋深處，不斷地為國家找到新的能源，新的寶藏。

石油是國家建設事業最急需的能源之一。

因為石油短缺，中國到處出現了「油荒」。那時，在首都北京的長安街上，來來往往的公共汽車頂部都焊著一個大鐵架，鐵架上面放著一個十幾公斤重的大氣包。

這氣包是幹什麼用的呢？原來，因為沒有汽油燃料，公車公司只能用煤氣代替汽油，讓每輛公共汽車都馱上那麼一個大氣包。

更不用說，因為沒有汽油，許多機器都無法運轉，工廠不能開工，飛機不能起飛，輪船也沒法正常行駛……

汽油那麼重要，那中國的地底下，到底有沒有能夠從中煉製出汽油的石油呢？

一九五三年年底，中共中央把李四光請到中南海，徵詢他對中國石油資源的看法。

李四光根據數十年來對地質力學的研究成果，從他所建立的構造體系，特別是新華夏構造體系的觀點，分析了中國的地質條件，陳述了他不同意「中國貧油論」的意見，他深信在中國遼闊的領域內，天然石油資源的蘊藏量應當是豐富的，關鍵是要抓緊做地質勘探工作。

在接下來的許多年裏，李四光領導著地質部，真正起到了「偵察部」的作用。國家建設需要什麼，他們就研究什麼、關心什麼、尋找什麼。

李四光雖然是享譽中外的科學家，但是為了國家的建設事業，他也和許多年輕的地質勘探隊員一樣，喜歡常年在荒山野外奔波，「天做被子地做床」，無怨無悔。

「遠看像逃難的，近看像要飯的，仔細一看是搞勘探的。」這是性格樂觀的地質勘探隊員們，為自己從事的工作描畫的一張「自畫像」。帶有幾分戲謔和自嘲意味，但其中也含著幾分驕傲。

儘管條件艱苦，但是國家的建設到處都看得到他們的身影。

他們尋找石油，尋找煤炭，尋找鈾礦，尋找金剛石……

從五〇年代到六〇年代，大慶油田、勝利油田、大港油田的相繼發現與開發，還有鎢、鉻、鈾、金剛石等珍貴的礦產，以及一些寶貴的地下水源和天然氣的勘探與開發……都凝聚著李四光他們這一代地質科學家的智慧、心血和汗水。

李四光說：「我國有這樣遼闊的海域，而且大都是淺海，下面蘊藏著大量寶藏，這正是我們地質工作者大有作為的地方。」

人們稱讚李四光以及他帶領的那些地質勘探工作者是「為新中國探尋寶藏的人」，可是李四光謙虛地笑笑說，自己不過是一個「喜歡敲打石頭的人」。

就是這個「喜歡敲打石頭的人」，在一九五八年十二月前後寫給蘇聯科學家尼古拉耶夫教授的書信中，這樣表達了自己真心的感受：「我個人能夠生逢這樣偉大的時代，我深深感到生活真有意義，生命值得珍貴。」

在中華人民共和國成立十週年的日子裏，作為一位享譽中外的老科學家，李四光還在百忙之中（他甚至放下自己手上的一本重要著作《地質力學概論》的撰寫）耗費了一週左右的時間，特意為孩子們創作了一篇美麗的科普散文〈看看我們的地球〉。

在這篇文章裏，李四光用淺顯易懂的文筆介紹了地球的構造和它在太陽系中的位置，以及有關地球起源的不同學說。最後，他鼓勵孩子們要熱愛科學、熱愛自然，不斷關注和探索自然界的奇妙變化，掌握更多的科學知識和自然規律，這樣才能有足夠的本領去建設偉大的國家，去創造幸福的明天和美麗的新世界。

這篇文章後來被收入了《科學家談二十一世紀》一書中，成為這位科學家爺爺留給一代代少年兒童的寶貴禮物。

探索地震預報

時光飛逝，不捨晝夜。不知不覺，李四光已經進入了古稀之年。一九六六年，他已是即將邁過八十歲門檻的老人了。

這一天，他的外孫女平平專心致志地坐在年老的外公身邊，看著外公在一個木盤裏，用泥巴做了一個扭曲的岩層模型。

我們知道，李四光從小就養成了愛「動手」的習慣。很小的時候，他看到媽媽每次舂米都要踩著沉重的石碓，非常吃力，就獨自琢磨半天，然後把繩子搭到房樑上，運用簡單的機械原理給媽媽製作了一個省力氣的石碓。他還經常用竹林裏撿來的竹子，給弟弟妹妹製作小竹船之類的簡易玩具。

成為科學家後，他也一直保持著很強的「動手」能力，自己製作過沙盤，製作過岩層模型，甚至還製作過一輛推起來既省力又方便的簡易小推車……

李四光常這樣鼓勵自己的外孫女：「古希臘有位著名的物理學家叫阿基米德，他有一句名言：『給我一個支點，我可以撬動地球。』我們研究科學的人，一定要培養自己的動手能力，只有先學會了『動手』，才能有所『創新』，才能『撬動』地球。你說對不對呀，平平？」

平平是李四光的女兒李林和女婿鄒承魯的女兒，名叫鄒宗平。

李四光特別喜歡這個什麼事都愛打破砂鍋問到底的外孫女。

他覺得平平身上那種無時不在的好奇心，就像自己小時候的習慣一樣。所以，李四光一有閒暇就喜歡和平平一起「討論」各種科學問題。當然啦，外公的「任務」主要是回答平平各種各樣的提問。不過，李四光更喜歡讓平平稱呼他為「爺爺」而不是「外公」，所以平平從小就叫李四光為「爺爺」。

有一天，平平問李四光：「爺爺，你是在研究地震發生的規律嗎？」

「對呀，找到了地震發生的規律，我們就可以預防它了。」

「爺爺，那樣是不是就可以像補鍋、補缸一樣，給地球打上一些『釘子』呀？」

「哎呀，這個主意非常妙！」爺爺一聽，大笑著說，「我怎麼沒有想到呀！」

原來，最近這段日子裏，有兩個字佔據了李四光腦海中最重要的位置，時常讓他寢食不安，那兩個字就是「地震」！

一九六六年三月八日，河北省邢台地區突然發生了強烈的地震。一時間，地動山搖，房倒屋塌，給國家和人民的生命財產帶來了極大的災難和損失。

地震發生後，總理周恩來召集有關人員討論震情和震後應該採取什麼措施，李四光也參加了這個會。

周恩來問大家：這次地震造成了很大的損失，同時也給我們提供了教訓。今後，我們能不能預報地震？

大家面面相覷，不敢做出肯定的回答。

有人含含糊糊地說，地震預報這個問題，不大好辦。

還有人直截了當地說，地震預報，外國人研究了許多年都沒有解決，我們恐怕也解決不了。

最後，周恩來把目光投向坐在他身旁的李四光。

李四光回答道：「地震也是一種自然現象，它的發生是有個過程的，是可以預報的。不過還需要做大量的探索工作。」

周恩來聽了李四光的發言，就鼓勵大家說，李四光同志獨排眾議，說地震是可以預報的，這很好。我們就是要有這個決心，有這樣的志氣！

世界上沒有解決不了的困難。我們的前人只給我們留下了地震的記載，我們就要給我們的後人留下預報的紀錄。

回到家裏，李四光心中一直迴旋著地震預報的事。

是啊，解決地震預報問題是國家和人民的迫切需要啊，我一定要盡全力去完成它！

在此後的日子裏，李四光召集地質力學所的一些技術人員，儘快做出了部署：立即派出一支隊伍到邢台地區去，建立起災區和北京的聯繫，以便隨時瞭解情況。

他還請河北省地質局協助，在隆堯縣堯山先打了一個深度為一．六公尺的淺孔，安裝了偵測地應力的元件，建立了地應力的實驗測報點。

所有這些地應力的元件、井下裝置、井上觀測設備，李四光都親自參與設計和挑選。堯山地應力站報來的數據、繪出的應力值變化曲線，他每天都要仔細查看。他想，從這些變化曲線中也許能找到地震發展趨勢的蛛絲馬跡。

幾天之後，三月二十二日，邢台地區又發生了一次強烈地震。

聽到這個消息，李四光再也坐不住了。他顧不得自己已經年老體邁，立刻給中央打了一個報告，要求到災區現場去察看一番。

四月二十日早上，李四光啟程去了堯山。

在那裏，他獲得了許多有用的偵測數據，並做出了自己的判斷：這兩次地震都屬於構造地震，而能夠最直接地研究地震發生的方法，就是對地應力的變化進行詳細觀測。

回到北京後，李四光對運用測地應力方法預報地震的信心更堅定了。

這時候，有人提出：從小震分佈來看，最近還可能有一次較大的地震發生。而且，這次可能發生的地震也許會波及北京……

波及北京？這可是一件非同小可的事情。周恩來放心不下，詢問李四光的看法。李四光把帶來的地應力曲線數據拿出來給大家看，然後分析說：「從地應力的變化來看，我認為目前不會有什麼較大地震發生。」

他分析說，邢台經過了兩次強震後，基岩層破壞很厲害，近期再發生較強地震的可能性就不大了。地震向南發展的可能性也不大，今後應注意的地區是震區的東北方向。

一九六七年春天，河北又發生了一次地震，果然是在邢台東北方向的河間縣境內。

震後，有人問李四光，他是怎樣在邢台地震之後，預料到下次地震會向東北方向發展的呢？

李四光回答說：「我有兩點依據。第一，邢台、河間兩次地震同屬構造地震，都是由於新華夏構造體系的活動而發生的，它們是一脈相承的。第二，邢台地震發生後，地應力沿著邢台的東北和西南方面集中，但是西南有秦嶺緯向構造帶隔斷，所以地震向邢台的東北方向發展的可能性就更大。」

原來，他預測地震的科學依據，仍然是他提出的新華夏構造體系。

這時，李四光又提醒大家，在這個方向上還應該密切注意可能發生地震的危險。果然，不久後渤海地區又發生了一次七．三級地震。

一九六八年初春的一個晚上，李四光突然接到一個通知，要他到國務院的小禮堂去開緊急會議。

到了那裏一看，是周恩來親自主持會議，會場氣氛很是緊張。

原來，最近北京周邊地區又頻繁傳來一些小地震的報告，有人給國務院送來一個報告，預報說明天早晨七點鐘，北京將會有七級左右的地震發生，建議國務院通知全市居民都搬到房屋外面去居住。

周恩來召集這個緊急會議，就是想再聽聽大家的意見，尤其是聽聽李四光怎麼看待這個建議。

李四光在來小禮堂開會之前，就做了一些數據和資料的分析，這時候，他又根據幾個地應力台站發來的數據分析和判斷道：「我認為，問題沒有這麼嚴重。從我所掌握的數據來看，並無什麼異常現象，北京不像有大地震馬上要發生的樣子。所以我建議，最好不要發警報讓市民到屋子外面過夜，天氣這麼冷，老人和小孩在外面要凍病的。」

最後，周恩來採納了李四光的意見，國務院也沒有發佈什麼警報。

考慮到李四光年事已高，周恩來讓他早點回家休息，自己卻和大家一起，一夜沒有睡，一直在密切地關注著有沒有地震的消息。

其實，這一天晚上，李四光也沒有回家，他和地質部地震辦公室的人在一起，也是一整夜沒有睡，一直守在電台和電話機旁，密切注意著有無異常現象發生。

凌晨四點，電話聽話筒裏傳來了「平安無事」的訊息。

凌晨五點，電話聽筒裏又傳來了「一切正常」的訊息。東方的天空漸漸升起緋紅的霞光，北京城上空像往常一樣，響起了中央人民廣播電台播送的悠揚樂曲聲。

這場虛驚，讓李四光更加明白了加強地震預報研究的重要性。他對大家說：「我們犯了一個錯誤，沒有提前十年或十五年在一些重點地區開展這項工作。」

後來，李四光還擔任了地震工作領導小組的組長。為了指導全國的地震工作，他經常分析研究大量的觀察資料，還多次跋山涉水調查地震地質現象，視察地震地質工作。他還常常親自指導青年地質工作者，培養他們成為國家地質工作的骨幹力量。

為了國家的建設，他全力傾注著心血。

最後一本書

一九六九年，李四光八十歲了。這年五月，毛澤東又邀請李四光一起談話。他們從天體起源談到生命起源，臨別時，毛澤東說，他很想看李四光寫的書，問能否送幾本給他。同時，他還請李四光幫他蒐集一些中外的科學資料。毛澤東用手畫了個大圈說，就是你研究範圍裏的資料。

回到家後，李四光查閱了大量的中外書籍。地質學方面的書，都是大本大本的，有的很繁瑣。李四光想，毛主席哪有這麼多時間來看這些東西？不如針對自然科學，特別是地質學中的一些重大問題，整理成提綱性的短篇資料。這種資料，力求從前人積累的科學知識中攝取菁華，系統而又簡練地把它表達出來。

有了這個想法，李四光很快就付諸了行動。

經過一段時間的思考和寫作，這本既通俗而內容比較豐富的自然科學讀物果然寫出來了。李四光謙虛地把資料定名為「天文、地質、古生物資料摘要（初稿）」。

全書共分七篇：

第一篇：從地球看宇宙。主要談論地球的起源問題。

第二篇：啟蒙時代的地質論戰。主要講述地質學形成時期的各個流派學說和相關爭論。

第三篇：總結地質工作的要點。

第四篇：古生物及古人類。主要簡述生命的起源問題。

第五篇：三大冰期。簡述地球上曾經出現過的三次特別寒冷的時期，即第四紀大冰期、晚古生代大冰期、震旦紀大冰期。

第六篇：地殼的概念。在講述了地殼的一般概念後，又特別講到了地下熱能的開發和利用問題。

第七篇：地殼構造和地殼運動。

這本特殊的「書」，成了李四光一生中最後一部著作。李四光晚年，外孫女平平時常守在他的身旁問這問那，也聽他回憶講述自己漫長的一生。

在平平心目中，爺爺是一位了不起的地質學家，是一位大科學家和大教育家，他不僅要為國家尋找地下寶藏，像煤炭啦、石油啦、各種珍貴的礦產啦，還要研究地殼的變化，弄清楚大海怎麼變成了高山，古代的冰河是怎麼消失的，怎樣才能預防地震災害……而且，爺爺還為國家培養了許許多多地質學方面的人才。

可爺爺總喜歡說，他是個「敲打石頭的人」。

平平記得，她小時候經常看到爺爺在收拾行裝，準備要出遠門的樣子，把地質錘、放大鏡、水壺什麼的，一樣一樣地裝進大帆布口袋裏。

每當這時候，平平就會纏著爺爺說：「爺爺，您可以帶我去敲石頭嗎？」爺爺輕輕揪著她的小辮子說：「可以啊，等妳長大了，爺爺就帶妳去攀登好多好多高山。」

爺爺臨出門時，外婆和媽媽也總是要把爺爺送到大門口，然後叮囑爺爺一路注意安全，早點回家。

現在，爺爺已經年老了，不能再出遠門去攀登那些高山了。他大半的時間會戴上老花眼鏡，坐在躺椅上看書。

有一天，平平好像想起了什麼，突然問道：

「爺爺，您還記得小時候，您給我講的故事〈一塊燙石頭〉嗎？」

「故事裏怎麼講啊？」爺爺故意問她。

「有一塊燙石頭，只要誰把它砸碎了，就能從頭再活一次。好多人都勸那位老爺爺去砸碎那塊燙石頭，因為他一生都沒有享受過幸福，過得太辛苦了……」

「結果呢？老爺爺砸碎了那塊燙石頭沒有呢？」

「當然沒有啦！老爺爺說，我為什麼要從頭再活一次啊？沒錯，我曾經是過得很辛苦，可是我，還有我們這一代人，都把自己的一生獻給了國家，我們過得很真實啊，這難道還不幸福嗎？」

「是啊，老爺爺說得多好啊。」爺爺坐在躺椅上，笑了一笑，伸出手，輕輕撥動身旁的一個地球儀。

小小的「地球」在他手下，一下子急速旋轉了起來……

一九七一年的四月天，北京城裏到處都是春暖花開的景色。紅色的海棠花、金黃色的連翹，還有梨花、李花、櫻花……都盛開了。

可是，四月二十四日這天，八十二歲的李四光卻突然感到四肢無力，發起了高燒。家人迅速地把他送進了北京醫院。

在醫院裏，這位年老的地質學家好像已經預感到自己將一病不起了。他在思維尚清晰的時候，拉住一位醫生的手，輕聲問道：「請你們坦率地告訴我，究竟我還有多少時間，讓我好安排一下工作……」

醫生俯下身，安慰他說：「李老，您這是偶感風寒，很快會好起來的。」

李四光輕輕地搖搖頭，又輕聲說道：「只要再給我半年的時間，地震預報的探索工作，就會看到結果的……」

然而，僅僅五天之後，四月二十九日上午十一時，這位科學大師因為動脈瘤破裂，溘然長逝了。

「李四光小道」

在德國小城海德堡的內卡河北岸聖山南坡的山腰上，有一條長約兩公里的小路，被稱為「哲學家小道」。大哲學家黑格爾在海德堡大學任教時，經常和朋友、同事一起在這條小路上散步和討論學術問題，這裏如今已經成為海德堡的一個著名觀光景點。

在英國的布里斯托爾也有一條著名的小路「狄拉克路」，這是有著「量子怪傑」之稱的英國著名科學家、量子力學奠基者之一保羅・狄拉克小時候常走一條小路。

而在北京市海淀區魏公村中央民族大學南側，也有一條又長又窄的的小路，叫「民族大學南路」。但是，居住在這一帶的人們卻更習慣稱它為「李四光小道」。

原來，李四光生前總喜歡在這兒散步和思考問題。

在李四光來到這裏之前的許多年間，這只是一條泥巴小路，附近有村子、菜園子，小路兩邊長滿了茂密的雜草和綠籐。村裏的小孩子每天放了學，會在這條小路上奔跑、戲耍、玩滾鐵環遊戲。有時候，從小路邊的草叢裏，還會爬出蛇、刺蝟、黃鼠狼，甚至小狐狸之類的小動物。

從一九六二年開始，李四光一家就搬到這裏居住。這位大科學家在這裏度過了生命中最後十年時光。

人們之所以喜歡把這條小路稱為「李四光小道」，不是因為這條小路是專門給李四光家修的，只因為每天早晨或黃昏的時候，人們經常能看見李四光在這條小路上散步的身影。

他散步的起點是家門口的銀杏樹下，終點是不遠處的白石橋路。他通常都會走上一個來回，有時一邊散步，一邊會和同事或家人，包括他的夫人、女兒、女婿或外孫女一起討論問題。不散步的時候，他會提來一個小馬扎，坐在家門口的銀杏樹下，靜靜地思考問題。深秋的午後，金黃色的銀杏樹葉輕輕地落下來，落在他的肩頭和腳下，好像是特意落下來陪伴他一樣。

有時候他也會坐在陽光下，一手握著一塊石頭，一手用放大鏡對著石頭轉來轉去，獨自觀察好久好久……

據說，「李四光小道」是附近的農民最先叫起來的，後來愈傳愈遠，居住在這一帶的人都習慣這樣叫了。「李四光小道」這個名字一度還上了北京市的城市交通地圖呢，由此也可見，這位受人尊敬的知識份子和科學家在大家心目中的地位。

李四光去世後，他和家人居住過的那棟安安靜靜的小樓和樓下的小院子，在一九八九年，即李四光誕辰一百週年的時候，被改為「李四光紀念館」。

李四光和家人住過的房子是一幢兩層小樓，樓下是一個長滿樹木的小院落，院落的山牆上爬滿了茂盛的爬牆虎。院落裏有一棵高高的柿子樹，那還是李四光親手種植的。每到秋天，柿子樹上就結滿了紅彤彤的柿子。

李四光和夫人許淑彬在世時，這棟小樓只有他們夫婦倆居住。夫婦倆相繼去世後，他們的女兒——物理學家李林一家就搬了過來。

李四光和女兒李林、女婿鄒承魯都是著名科學家，也都是中國科學院院士。一家子，兩代人，三院士，這段「一門三院士」的科學報國的故事，成了住在「李四光小道」附近的居民們和全國知識界、科學界津津樂道的佳話。

如今，李四光用過的電視機、收音機、照相機，以及他在英國留學時拉過的那把珍貴的小提琴，還有他的工作室、書房、擺在辦公桌上的地球儀，更不用說他每次外出考察時蒐集回來的各種形態和大小不一的岩石樣本，特別是那些第四紀冰河沉積物的地質標本……全都靜靜地陳列在這個紀念館裏，默默地向前來參觀的人們，講述著一位可敬老人的偉大的一生。

走進紀念館裏，可以聽見一首輕柔的背景音樂伴隨著人們輕輕挪移的腳步聲奏響。這背景音樂正是李四光在英國留學時譜寫的那首低迴婉轉的小提琴曲〈行路難〉。

這首曲子創作出來後，很長一段時間都不為世人知，直到二十世紀九〇年代，它才被人們重新發現，之後又在北京大學百年校慶的晚會上被公開演奏。從這首小提琴曲中，人們領略到了一位偉大的科學家身上曾經有過的藝術靈性。

除了在大地上有這樣一條幽靜的「李四光小道」，凝結著人們對這位大科學家永遠的感念與崇仰之外，在遙遠夜空中，還有一顆明亮的小行星也被命名為「李四光星」。

那是在二〇〇九年十月四日，李四光誕辰一百二十週年之際，經國際小行星中心和國際小行星命名委員會正式批准，中國國家天文台將一顆在一九九八年十月二十六日（這天正好是李四光一百零九歲生日）發現的，國際編號為第 137039 號的小行星，永久命名為「李四光星」。

這顆美麗的行星，代表著和紀念著一個閃亮的名字。

這顆耀眼的行星，也代表著和紀念著時刻在引導人們上升和前行的一種崇高、偉大的精神。

嗨！有趣的故事

李四光

責任編輯：苗　龍
裝幀設計：盧穎作
著　　者：徐　魯

出　　版：中華教育
　　　　　香港北角英皇道 499 號北角工業大廈一樓 B
電　　話：(852) 2137 2338
傳　　真：(852) 2713 8202
電子郵件：info@chunghwabook.com.hk
網　　址：http://www.chunghwabook.com.hk

發　　行：香港聯合書刊物流有限公司
　　　　　香港新界荃灣德士古道 220-248 號
　　　　　荃灣工業中心 16 樓
電　　話：(852) 2150 2100
傳　　真：(852) 2407 3062
電子郵件：info@suplogistics.com.hk

版　　次：2021 年 9 月初版

規　　格：16 開（210mm×148mm）
I S B N：978-988-8676-47-7